Adelbert Baudissin

Blicke in die Zukunft der nordfriesischen Inseln und der Schleswigschen Festlandsküste

Baudissin, Adelbert

Blicke in die Zukunft der nordfriesischen Inseln und der Schleswigschen Festlandsküste

ISBN: 978-3-86741-590-3

Auflage: 1
Erscheinungsjahr: 2010
Erscheinungsort: Bremen, Deutschland

© Europäischer Hochschulverlag GmbH & Co KG, Fahrenheitstr. 1, 28359 Bremen (www.eh-verlag.de).

Alle Rechte beim Verlag und bei den jeweiligen Lizenzgebern.

Bei diesem Titel handelt es sich um den Nachdruck eines historischen, lange vergriffenen Buches aus dem Verlag A. Spethmann & Co., Schleswig (1867). Da elektronische Druckvorlagen für diese Titel nicht existieren, musste auf alte Vorlagen zurückgegriffen werden. Hieraus zwangsläufig resultierende Qualitätsverluste bitten wir zu entschuldigen.

Adelbert Baudissin

Blicke in die Zukunft der nordfriesischen Inseln und der Schleswigschen Festlandsküste

Blicke

in

die Zukunft der nordfriesischen Inseln

und der

Schleswigschen Festlandsküste.

Von

Adelbert Baudissin.

Officielle Ausgabe.

Schleswig.
A. Spethmann & Co.
1867.

I. Die Nordsee.

Der Reisende, welcher die nordfriesische Insel Sylt besucht, wird selbst bei der oberflächlichsten Aufmerksamkeit, die er der Formation der Insel schenkt, die Bemerkung machen, daß sie aus tief liegendem Marschboden besteht, der z. B. bei dem Landungsplatze von Nösse beständig vom Meere benagt wird, aus hochgelegenem Haidelande, auf welchem Hühnengräber und Granitblöcke oft in großer Menge neben einander vorkommen, und endlich aus weißen, mehr oder weniger bewachsenen Sandbergen oder Dünen, welche sich in einer Länge von 5 bis 6 deutschen Meilen von Süden nach Norden erstrecken.

Geht man von einer flüchtigen Wahrnehmung der drei verschiedenen Formationen der Insel Sylt zu einem ernsteren, wissenschaftlichen Studium der gegebenen Verhältnisse über, so findet man, daß Sylt aus zwei hochgelegenen Geestrücken besteht, die durch eine alte Marsch mit einander verbunden sind, und untersucht man die Dünen genauer, so macht man die Entdeckung, daß sie zum großen Theile auf Marschboden stehen.

Da die Geest nun, wie wir später sehen werden, älter ist als die Marsch, und diese wieder älter als die Dünen sein muß, welche auf ihr ruhen, so haben wir es auf der kleinen, kaum anderthalb Quadratmeilen messenden Insel Sylt mit drei verschiedenen Gebilden oder Formationen zu thun, deren Entstehung wir uns nicht würden erklären können, wenn wir nicht unsern Blick weit über die Grenzen der Insel schweifen ließen, und das was wir an fernen Küsten erforscht haben, mit dem verglichen und in Uebereinstimmung zu bringen suchten, was wir in der eigenen Heimath beobachtet und kennen gelernt haben.

Ehe wir aber den Leser bitten, sich unserer Führung anzuvertrauen und uns beim Einsammeln brauchbaren Materials behülflich zu sein, wollen wir erklären, was man unter Geest, Marsch und Dünen versteht.

Geest*), Gast, Gastland heißt fast in ganz Norddeutschland das hoch gelegene Land, welches als besondere, an der Oberfläche wahrnehmbare Merkzeichen seines höheren Alters Hühnengräber und zerstreut liegende Granitblöcke aufzuweisen hat. Die Mark Brandenburg, Westphalen, der hohe Rücken von der Elbe bis nach der

---

*) Geest heißt auf friesisch trocken.

Spitze Jütlands, die Lüneburger Haide u. s. w. sind
Geest, im Gegensatz zu der, später entstandenen und sich
noch täglich fortbildenden, niedrig gelegenen Marsch,
die sich gewöhnlich durch große Fruchtbarkeit auszeichnet,
aber auch häufigen Ueberschwemmungen ausgesetzt zu sein
pflegt. Marsch findet sich an den Flüssen, wie z. B. an
der Weichsel, der Oder, dem Rhein und der Elbe, und
an der Meeresküste, besonders aber an der Nordsee. Ein
großer Theil Hollands, Oldenburgs und Schleswigholsteins
besteht aus Marschboden.

Die Dünen sind Berge von weißem Sande, die
sich zwischen 20, 40 und 100 Fuß hoch aufthürmen, und
die, wenn sie nicht sorgfältig bepflanzt oder gedämpft
werden, von den herrschenden Winden — in Norddeutschland
also von den Westwinden — in die entgegengesetzte Richtung, also nach Osten getrieben werden. Es finden sich
an vielen Stellen Norddeutschlands, z. B. bei Wittenberge (Witte Berge — weiße Berge), in Pommern, namentlich aber auf der hohen Geest von Schleswigholstein
und Jütland Dünen, die aber zum größten Theile gedämpft sind. Diese Dünen sind älteren Ursprunges als
die, welche wir an der Westküste von Sylt haben kennen
lernen, und haben vorläufig für uns kein Interesse; später werden wir versuchen, uns ihre Entstehung zu erklären.

Wir haben also auf Sylt drei Formationen verschiedenen Alters: Geest, Marsch, Dünen. Die Geest ent=

stand, da sie die älteste der drei Formationen repräsentirt, zuerst; es gab mithin eine Zeit, in welcher von den, uns bekannten und noch wahrnehmbaren Formationen Sylts und des übrigen Norddeutschlands nur die Geest geschaffen war, und, um die Gedanken präcise auszudrücken: es gab eine Zeit, in welcher die beiden Geestrücken von Sylt für sich getrennt bestanden; erst später legte sich zwischen die beiden Geestrücken, und rings um sie herum, also auch westlich von ihnen, da wo wir jetzt das Meer in seiner Majestät bewundern, Marschland an Auf die Bildung der Marsch folgten die Bildung der Dünen und die Zerstörung der Marsch; da wir täglich wahrnehmen können, daß die Zerstörung der einen mit der Bildung der anderen Schritt hält, so liegt kein Grund vor, der uns auf die Vermuthung bringen könnte, daß die Natur in vorgeschichtlicher Zeit anderen Gesetzen gehuldigt habe, als jetzt. Da aber die Natur nach bestimmten, unwandelbaren Gesetzen handelt, da nichts geschaffen wird und nichts untergeht, was nicht nach bestimmten unwandelbaren Gesetzen geschaffen oder zerstört werden mußte, so sind die Entstehung der Marsch und ihr bald darauf folgender successiver Untergang auch nach Gesetzen erfolgt, die wir zu erforschen suchen müssen, ehe wir ein Urtheil über die Zukunft unserer Inseln und der Festlandsküste fällen können. Wir kommen am leichtesten zum Ziele, wenn wir uns mit der Geschichte der Nordsee vertraut machen; um aber diese verstehen zu können, ist es nothwendig, daß wir einen Blick auf die Karte werfen, damit wir uns ihre jetzige und ihre ehemalige Ausdehnung vergegenwärtigen.

Die Nordsee erstreckt sich von 50° 57' bis zu 61° nördlicher Breite und von 14° 20' bis 26° 20' östlicher Länge, sie bildet also ein längliches Viereck, dessen größte Länge 150 geographische Meilen beträgt, während ihre größte Breite zwischen Ringkjöbing und St. Abbs Kap nur 96 Meilen mißt; sie nimmt mit ihren verschiedenen Meerbusen einen Flächenraum von 7160 geogr. Quadratmeilen ein,*) ist also nur 340 Q.-Meilen kleiner, als die Ostsee mit ihren Buchten, und nur um 500 Q.-Meilen größer, als das kaspische Meer.

Von Großbrittanien und Frankreich, Belgien, Holland, Deutschland, Dänemark und Norwegen begrenzt, hat die Nordsee sehr verschiedene Ufer, theils steile Felsenwände, theils niedrige Sandbänke und Marschen; letztere sind täglichen Ueberschwemmungen ausgesetzt. Die Felsen der norwegischen Küste bestehen aus Granit; die Shelands- und Orkney-Inseln sind von starren Sandsteinfelsen umschlossen, an Englands Küste wechseln Sandstein, Porphyr, Serpentin, Granit, Kalkstein; von Calais bis nach der Insel Sylt besteht das Ufer nur aus Marsch und Sandstrecken; auf Sylt tritt unter dem rothen Kliff der Limonit zu Tage, längs der ganzen jütischen Halb-

---

*) Stevenson on the bed of the German Ocean.

insel erstreckt sich ein hohes sandiges Ufer, das sich bei dem flüchtigsten Blicke, den wir auf die Karte werfen, auffallend von dem, durch zahllose Buchten und Einschnitte und durch viele vorliegende Inseln geschützten Ufer des Herzogthums Schleswig unterscheidet.

Untersuchen wir den Boden des Meeres, so finden wir, daß er dem des festen Landes überraschend ähnlich ist; er besteht aus Sand, der mit Muschelschaalen vermengt ist, aus Schlick, Thon, Schlamm und Seetorf oder Thul (einem Producte von Süßwasserpflanzen); auch Braunkohle und Bernstein finden sich auf dem Meeresboden, und wer nach einer starken Fluth den dünnen Saum zerstückelter Braunkohle, den die Wellen auf dem Strande zurücklassen, sorgfältig untersucht, wird sich oft durch einen Bernsteinfund belohnt finden.

Wie das Festland seine Erhöhungen, Hügel und Berge hat, so ist auch der Boden der Nordsee mit zahllosen „Bänken" bedeckt, die nach Stevenson 27,443 englische Quadratmeilen, oder fast den sechsten Theil des ganzen Beckens ausmachen. Das Wasser der Nordsee ist in einiger Entfernung von der Küste klar und krystallhell; es ist weniger salzig, als das Wasser des atlantischen Oceans, aber mehr als doppelt so salzig, wie das der Ostsee.

Die Nordsee hat regelmäßige Ebbe und Fluth. Die Fluth steigt 6 Stunden, die Ebbe braucht ebenso lange zum Ablaufen; zwischen Ebbe und Fluth ist ein Stillstand von einigen Minuten, der von der nächstfolgenden Fluthbewegung nicht eingeholt wird.

Wenn am 1. eines Monats Punkt zwölf Uhr höchste Fluth ist, so tritt diese am folgenden Tage 48 Minuten später ein. Die gewöhnliche Fluth steigt an der schleswigschen Küste sieben Fuß;*) die Fluthen, welche an der schleswig=holsteinischen Küste zwischen 12 und 2 Uhr ihre Höhe erreichen,**) heißen Springfluthen und bringen, selbst bei mäßiger Windströmung, mehr Wasser, als Fluthen, welche vor oder nach dieser Tageszeit mit heftigen Winden eintreten. Die sogenannten Sturmfluthen erfolgen, wenn zur Zeit der Springfluth heftige Südweststürme plötzlich in Nordweststürme umspringen; **nur wenn diese drei Momente zusammentreffen, sind hohe Sturmfluthen zu erwarten.** Wir werden später auf diesen höchst wichtigen Umstand zurückkommen.

Schon die Verschiedenheit der Ufer läßt die Vermuthung entstehen, daß die Nordsee ehemals eine andere Grenze im Osten und Süden gehabt hat, als jetzt; diese

---

*) In der Sturmfluth des Jahres 1825 stieg das Meer 22½ Fuß.

**) Die Zeit der höchsten Fluth ist in den verschiedenen Gegenden sehr ungleich. Während z. B. an der nördlichsten Küste Schottlands zur Zeit des Vollmondes um 8 Uhr 30 ′ höchste Fluth ist, haben wir bei Helgoland und an unserer Küste um 12 Uhr höchstes Wasser.

Vermuthung wird aber zur unumstößlichen Gewißheit, wenn wir den Meeresboden mit ausgedehnten Lagern von Süßwassertorf, ja mit ganzen Wäldern bedeckt sehen, die doch offenbar in festem Boden gewurzelt haben müssen. Auf den Watten zwischen den nordfriesischen Inseln, auf dem Meeresboden westlich der Inseln liegt eine so bedeutende Menge Thul oder Seetorf, daß die Insulaner bei niedrigem Wasserstande große Quantitäten graben, die sie nachher in derselben Weise aufspeichern und an der Luft trocknen, wie die Torfbauern auf dem Festlande. Zwischen der Hamburger-Hallige und Pelworm liegt eine bedeutende Masse von zum Theil sehr großen Baumstämmen auf dem Meeresboden: zwischen Röm und dem Festlande wuchs einst ein mächtiger Eichenwald, und es giebt auf Röm noch Häuser, die zum Theil aus dem Holze jenes Waldes erbaut wurden.

Wir brauchen aber nicht auf den Meeresboden hinabzusteigen, um die unwiderleglichsten Beweise für die Behauptung zu finden, daß die Nordsee einst andere Ufer gehabt hat. Ich will einige schlagende Beispiele anführen, aus denen der Leser entnehmen mag, welche ungeheure Veränderung mit der Nordsee vorgegangen ist.

Auf dem hohen Sandrücken bei der Stadt Groningen trifft man viele Seeproducte an, wie z. B. Terebratulen, Madreporen und andere Conchylien;*) in den

---

*) de Luc, physikalische Briefe.

Kreidehügeln bei Lüneburg findet man verschiedene Arten von Seemuscheln. In Schottland hat man 25 Fuß über der höchsten Springfluth das Skelet eines Wallfisches entdeckt; bei Segeberg in Holstein liegt eine Austernbank; in Norwegen hat man 30 Fuß über der Fluth Muschel=
bänke gefunden; an der Figa Elf in Norwegen 400 Fuß über dem Spiegel des Meeres Muscheln und Korallen. Im Jahre 1687 entdeckte man bei Friedrichshall 240 Fuß über dem Meeresspiegel ein vollständiges Wallfisch=
gerippe; im vorigen Jahrhundert wurde bei den Deich=
arbeiten bei Siemonsberg unweit Husum ein ähnliches Gerippe gefunden, von dem die Rückenwirbel lange Zeit in den Küchen als Haublöcke gebraucht wurden; mitten in Deutschland, d. h. in Norddeutschland, bei Witten=
berge, Neumünster, Leck, zwischen Flensburg und Tondern findet man alte Dünen, — lauter sprechende Beweise, daß die Nordsee einst nicht nur die cimbrische Halbinsel, sondern Deutschland bis zum Harz und bis zum Erz=
gebirge bedeckt hat. Ja, es giebt Gelehrte, welche aus dem Vorhandensein von Seemuscheln in den russischen Ebenen den Schluß ziehen, daß die Nordsee einst mit dem kaspischen Meere in Verbindung gestanden hat.*)

Unser vortrefflicher Landsmann Schleiden sagt in seinem Werke „Das Meer": „Und das Alles war einmal „anders, ganz anders auf Erden. Die geographischen

---

*) Edinburgh philos. journal for 1820.

„und paläontographifchen Unterfuchungen der Neuzeit haben „nachgewiefen, daß es, geologifch gefprochen, noch nicht „lange her ift, feit eine fefte Landverbindung zwifchen „der Iberifchen Halbinfel und dem Südoften von Nord= „amerika, den Golfftrom von Europa abfchnitt; eine „Zeit, in der Skandinavien die Rolle des jetzigen Grön= „lands fpielte und nach Deutfchland feine Eisberge fandte, „die erft am Harz und dem Thüringer Walde, der da= „maligen Nordküfte Deutfchlands, ftrandeten und langfam „aufthauend, dem ganzen mittleren Deutfchland Klima „und Natur des jetzigen Neufundland brachten."

An der Küfte der Infel Sylt haben wir gefehen, daß fich Marfch um die Geeftrücken anlegen konnte, und daß das Meer, gleichfam zurückkehrend, die gebildeten Marfchen wieder zerftörte und fie mit ihrem Wälder= fchmuck in die Tiefe fenkte; auf den Felfenwänden Nor= wegens finden wir Wallfifchgerippe, auf Höhen, die jetzt 400 — 600 Fuß über den Meeresfpiegel emporragen, ftoßen wir auf Mufchelbänke; wir lernen alfo auf der hohen Geeft, daß es eine Zeit gab, in welcher das, was wir jetzt in Norddeutfchland feftes Land nennen, Meeres= boden war.

Die gewaltigen Veränderungen, welche die Nordfee erfahren, werden von den Gelehrten auf verfchiedene Weife erklärt. Die meiften Forfcher nehmen als ausgemacht an, daß Frankreich und England einft zufammenhingen, daß ein plötzlicher Durchbruch erfolgte und daß der, bis dahin

zurückgehaltene Atlantische Ocean sich mit der Nordsee
vereinigt habe; eine ungeheure Wassersäule, so argumen=
tiren sie weiter, ergoß sich über Skandinavien und Nord=
deutschland und zerstörte bedeutende Strecken Marsch=
landes, sowohl an der holländischen wie an der schleswig=
holsteinischen Küste; nachdem das Zerstörungswerk voll=
endet, zog sich das Meer auf sein früheres Niveau zurück.
Die auf großen Strecken Norddeutschlands, der jütischen
Halbinsel und der Herzogthümer verbreitete, bald mehr,
bald weniger compakte Steindecke, welche in verschiedener
Dicke und Stärke unter der Oberfläche der Geest an=
getroffen wird, gilt den Verfassern obiger Theorie als
ein unwiderlegliches Argument für eine plötzliche An=
schwellung der Nordsee.

Wir können dieser Theorie nicht beipflichten, obgleich
sie auf den ersten Blick manches für sich zu haben
scheint; gehen wir ihr näher auf den Grund, so finden
wir, daß ihre Hauptstärke nur in ihrer Einfachheit
beruht. Wir wollen versuchen, uns deutlich auszu=
drücken.

Wenn man auf einer Anhöhe von mehreren hundert
Fuß, funfzig und hundert Meilen vom Ufer entfernt,
deutliche Beweise dafür findet, daß der Punkt, den man
unter seinen Füßen hat, einst vom Meere überspühlt wurde,
so liegt der Schluß nicht fern, daß das Meer auch die
ganze, tausende von Quadratmeilen zählende Ebene be=
deckt haben muß, aus welcher sich die Anhöhe erhebt

An die jährlich sich wiederholenden Erscheinungen gewöhnt, daß nicht nur Bäche und Flüsse, sondern auch das Meer ihr eigentliches Bett verlassen und Ueberschwemmungen verursachen, viel weniger aber mit der Erscheinung vertraut, daß größere Bodenstrecken aus dem Wasser auftauchen, ist man von vorn herein geneigt, das Vorhandensein von Austernbänken u s. w. auf jetzt trocken liegenden Punkten durch eine gewaltige Ueberschwemmung des Meeres, — im vorliegenden Falle der Nordsee zu erklären. Da es aber nicht abzusehen sein würde, wie die Nordsee urplötzlich bis an den Harz und die Karpathen bringen und eine Höhe von 400—600 Fuß über die jetzige Geest einnehmen konnte, wenn ihr Wasserquantum nicht durch äußere Einflüsse fast zehnfach vergrößert worden wäre, so bietet die Form des englischen Kanals fast von selbst den Schlüssel zu dem scheinbar unlöslichen Räthsel, und es drängt sich unwillkürlich der Gedanke auf, daß irgend eine gewaltige Revolution die Felsenkette zwischen Frankreich und England durchbrochen haben muß, und daß der atlantische Ocean sich mit unwiderstehlicher Gewalt über die Niederungen des nördlichen Deutschlands ergossen habe.

Ist man erst zu diesem Resultate gelangt, so findet sich auch eine halbwegs erträgliche Erklärung für das Vorhandensein von eratischen (Granit=) Blöcken, die — wie wir oben bemerkt haben — auf der cimbrischen Halbinsel, in ganz Norddeutschland und in den Nieder=

landen oft in außerordentlicher Menge, und zwar vorzugsweise auf sandiger Geest, aber stets auf der Geest, und niemals in der Marsch vorkommen. Diese Granitblöcke beweisen durch ihre **abgerundete Oberfläche**, daß sie lange Zeit der Einwirkung des Meeres ausgesetzt gewesen sind; ihr Vaterland ist Norwegen; sie müssen also durch eine Fluth, von deren Gewalt wir uns kaum eine Vorstellung machen können, von Norwegen nach Deutschland getragen und bei dem Ablaufen des Hochwassers da zurückgeblieben sein, wo wir sie jetzt finden. Leopold von Buch und Alexander von Humbold glauben, und mit Recht, daß sie auf Eisschollen oder zwischen Eisberge eingeklemmt die Wanderung nach der cimbrischen Halbinsel und Norddeutschland angetreten haben, und von vielen ist die Theorie einer **baltischen Fluth** aufgestellt worden, welche das Herantreiben der eratischen Blöcke erklären soll.

Wir sind weit davon entfernt, diese Theorien zu verdammen; sie haben viel für sich, ihre Hauptstärke liegt aber, wie gesagt, in ihrer **Einfachheit**.

Will man aber etwas erklären, so muß man sich nicht damit begnügen, einen Theil seiner Ansichten mit Gründen zu belegen und für den Rest das Wort Revolution anzuführen; dies haben aber die Vertreter der obigen Theorie gethan, und darin liegt die **Schwäche** ihres aufgestellten und ausgesprochenen Gedankens. Durch eine Revolution brach der Canal durch; durch eine

Revolution stieg die Nordsee 600 Fuß über Deutschlands Ebene, durch eine Revolution fiel das Wasser auf sein altes Niveau.

Revolution ist ungesetzlicher Umsturz des gesetzlich Bestehenden. Die Natur kennt keine Ungesetzlichkeiten; jede Bewegung der Woge, jeder Windhauch erfolgt nach bestimmten unwandelbaren Gesetzen, und wenn die Nordsee plötzlich die, ihr von den Naturforschern zugeschriebene Ueberschwemmung verursacht hat, so waren bestimmte Gesetze an der ungeheuern Vermehrung ihres Wasserstandes Schuld. Bis diese uns aber erklärt werden, muß es uns erlaubt sein, die schwache Seite der aufgestellten Theorie gegen ihre Stärke abzuwägen, und wenn wir finden, daß beide im Gleichgewicht stehen, unsere eigene Ansicht für die richtige zu halten.

Von diesem Rechte Gebrauch machend, fühlen wir uns ermächtigt, sowohl die cimbrische, wie die baltische Fluth in Frage zu stellen und folgenden Gedanken zu entwickeln.

Die Nordsee bedeckte einst einen Flächenraum von 20 bis 30,000 Quadratmeilen in einer Höhe von 400 bis 600 Fuß über unserer jetzigen Geest.

Während dieser Periode war die Nordsee ein Binnenmeer; der englische Kanal war nicht durchbrochen; Schottland und Norwegen hingen durch eine Felsenkette zusammen.

Der Golf von Mexiko sandte damals seinen erwär=

menden Strom nicht an unsere Küsten, sondern nach Is=
land und Grönland. Wir wissen, daß in historischer
Zeit diese beiden Länder eine bedeutende Abnahme ihrer
Temperatur erfahren haben, und nichts steht der
Ansicht entgegen, daß ihr Klima in vorge=
schichtlicher Zeit bei weitem milder war, als
zur Zeit der ersten normännischen Nieder=
lassungen.

Die Nordsee war ein Binnenmeer, auf welchem die
Eisberge in derselben Weise hin und her wanderten, wie
heutigen Tags in der Baffinsbay und der Behrings=
straße. Wie heute noch die Eisberge, mit Granit bela=
den, die Newfundlandsbank erreichen und dort ihr Ende
finden, also auch ihre Granitblöcke fallen lassen, so brach=
ten einst Eisberge, die sich an Norwegens Küste gebildet
hatten, Granitblöcke nach den südlicheren Theilen des
Meeres. Auf den hohen Sand=Riffen, — unsern
jetzigen sandigen Seestrücken, fanden die Eisberge Ruhe=
punkte; sie blieben liegen, schmolzen und ließen die Gra=
nitblöcke fallen. Wenn an anderen, weniger erhöhten
Punkten des damaligen Meeresbodens Granitblöcke nie=
dersanken, so sind sie unserm Auge deswegen verborgen,
weil diese Niederungen entweder noch mit Was=
ser bedeckt, oder weil sie mit den späteren
Bildungen zugelegt worden sind.

Die Nordsee hatte einen viel höheren Wasserstand,
als der atlantische Ozean. Wir finden in den Herzog=

thümern und sogar auf den Inseln in fast unmittelbarer Nähe des Meeres heute noch größere und kleinere Teiche und Wasserbassains, welche sich seit undenklichen Zeiten in ihrer jetzigen Größe und Gestalt erhalten haben; was im Kleinen möglich ist, kann auch in größerem Maßstabe statt gefunden haben.*)

Auf dem Meeresboden der von allen Seiten einge=schlossenen Nordsee erhob sich neben Norddeutschland die cimbrische Halbinsel wie eine lange, nach Norden ausge=dehnte Sandbank. Aehnliche Sandbänke kennen wir auf dem Boden der jetzigen Nordsee, wie z. B. das **jütische Riff, long forties** an der Schottischen Küste, die 354 englische Meilen lange **Doggersbank**, die Sand=bänke vor dem Texel u. a. m.

Die Nordsee durchbrach die **Sandsteinfelsen**, welche von Schottland nach Norwegen hinüberreichten und deren Reste wir noch bei den Shettlands= und Orkney=Inseln finden; später erst durchbrach sie die Kalksteinkette zwi=schen Frankreich und England.

Daß der Durchbruch im Norden zuerst erfolgte, läßt sich durch Folgendes argumentiren, und zwar:

1. Der Sandstein leistet dem Meere bei weitem nicht soviel Widerstand, wie der Kalkstein. Aus diesem Grunde mußten die Felsen im Osten von Schottland

---

*) Das rothe Meer mit seiner 8000 ☐ Meilen messenden Oberfläche liegt gegen 30 Fuß höher, als das Mittelländische Meer.

zuerst weichen; erst später hat die See den Widerstand der Kalkfelsen zwischen England und Frankreich zu brechen vermocht.

2. Die Form der cimbrischen Halbinsel beweist, daß die ungeheuere Strömung, welche nothwendig mit dem Durchbruch und zugleich mit dem Ablaufe der Nordsee statt gefunden haben muß, nicht in der Richtung von Osten nach Westen, sondern von Süden nach Norden gewirkt hat. Das Herzogthum Schleswig ist auf der Höhe von Schleswig-Hollingstedt nur 2 Meilen breit; eine Sandbank von verhältnißmäßig so unbedeutender Breite hätte den Strom nicht ausgehalten.

3. Nordsee und Ostsee waren vor dem Durchbruch ein Meer; wäre die Strömung nach Westen gegangen, so würde die Oeffnung, die wir jetzt zwischen Schweden und Jütland sehen, zwischen Jütland und Schleswig erfolgt sein.

Nach dem Durchbruch im Norden und nachdem der Wasserstand der Nordsee sich mit dem des Atlantischen Ozeans auf ein Niveau gestellt, traten Ebbe und Fluth ein; mit ihnen wurden die ersten Boten des Golfstroms an unsere Küsten entsandt; auf den trocken gelegten Sandbänken entwickelte sich Vegetation.

Der Golfstrom, von der täglich zweimal wiederkehrenden Fluth unterstützt, wurde von der norwegischen Küste nicht mehr gegen Island und Grönland geworfen, sondern folgte den Bewegungen der Fluth und brachte uns ein wärmeres Klima, während das von Island und Grönland allmälig rauher wurde.

In dem, wenn auch nicht plötzlich, so doch wahrscheinlich in sehr kurzer Zeit trocken gelegten Norddeutschland, Holland, Schleswig-Holstein und Jütland bildeten sich Flüsse und Niederungen; an den Ufern der ersteren, namentlich an ihren Mündungen lagerten sich Marschen ab. Diese gewannen, wie wir später sehen werden, eine bedeutende Ausdehnung und erstreckten sich ununterbrochen von der holsteinischen Geest bis westlich von Helgoland und von dort bis an die Mündung des Rheins und weit hinauf nach Norden.

Der Durchbruch der Nordsee hatte also zur Folge:

1) **Trockenlegung der Sandbänke**, welche wir jetzt unter dem Namen Geest bewohnen:
2) **Milderes Klima**, indem der Golfstrom eine südlichere Richtung nehmen konnte, und
3) **Marschbildung** in einer Ausdehnung, die wir nicht für möglich halten würden, wenn wir bei Untersuchung des jetzigen Meeresbodens den traurigen Beweis für die ehemalige Ausdehnung und den allmäligen Untergang eines ganzen Reiches, — **des alten Nordfriesland** — fänden.

Vergegenwärtigen wir uns die erste Periode der Marschbildung, so finden wir, daß dieselben Momente, welche jetzt zerstörend auf die Marsch einwirken, damals

existirten: **Ebbe, Fluth, Stürme**. Nur ein ein=
ziger Umstand, auf den ich bereits oben aufmerksam
gemacht habe, fehlte. Der Südostwind konnte damals
nicht, wie jetzt, die Fluth durch den englischen Kanal
gegen unsere Küste treiben und **dadurch das Bassin
der Nordsee anfüllen, noch ehe die Fluth um
Schottland herumgekommen war** Es gab also
zur Zeit der Marschbildung keine **Sturmfluthen, wie
wir sie kennen**.

Wir wollen einen Augenblick nach Sylt zurückkehren
und den Meeresstrand an der Westküste untersuchen, —
denn im kleinsten Vaterlande lernt der Mensch die Welt
verstehen!

Die Dünen von Rantum und Hörnum, List u. s. w.
stehen auf Marschboden. Unwiderlegliche Thatsachen be=
weisen, daß diese Marsch sich einst weit nach Westen
erstreckt hat. **Die Marsch ist also im Westen der
Insel**, d. h. dem Geestrücken von Sylt entstanden, hat
bedeutende Ausdehnung gehabt, ist bewohnt und bewaldet
gewesen und allmälig wieder zerstört worden. Zerstört
wird die Marsch, wie wir oben gesehen haben, wenn der
Sturm aus Südwest nach Nordwest umspringt, und zwar
zur Zeit der Springfluth; auf der ganzen Westküste von
Sylt bildet sich jetzt keine Spur von Marsch, und zwar
deswegen nicht, weil es nach den Gesetzen der Natur
nicht möglich ist. **So lange die Momente zusam=
menwirken können, welche nur Zerstörung in**

ihrem Schooße bergen, kann von dem Gegen=
theil der Zerstörung, von Neubildung keine
Rede sein. Marsch bildet sich nur da, wo das Wasser
des Meeres in verhältnißmäßiger Ruhe seine Schlicktheile
fallen lassen kann, also in Meeresbuchten, unter dem
Schutze von Inseln, die die Brandung abhalten, hinter
Sandbänken, welche die Strömung brechen; in offener
unbeschützter See, an der Westküste Sylts bil=
det sich keine Marsch;*) es gab aber eine Zeit,
in welcher sie sich in ausgedehntem Maße bil=
dete, und diese Zeit fällt in die Periode, in welcher die
Nordsee noch nicht die Felsenkette zwischen Frankreich und
England durchbrochen hatte.

Daß die Nordsee es ist, welche den Durchbruch her=
beiführte, und daß nicht der Atlantische Ozean das Boll=
werk niederriß, ist leicht zu beweisen.

Stellen wir uns die Nordsee als einen großen
Meeresbusen vor, der nur im Norden mit dem Atlan=
tischen Ozean zusammenhing. Der Canal, der damals
auch eine Bucht des Atlantischen Meeres, besaß aber,
eben weil er eine Bucht war, keine Strömung,

---

*) Wenn im scheinbaren Widerspruche mit dieser Behauptung
an der Holsteinischen Küste, z. B. bei Dieksand, Marsch gewonnen
wird, so spielt hier der Elbstrom eine Rolle von großer Bedeutung.
Eine solche Ergießung von Süßwasser hat bei den friesischen Inseln
nie stattgefunden.

sondern nur ähnlich wie unsere Schlei, oder um ein größeres Waffer zu nennen, wie der Limfjord bis 1825, ein ruhiges Waffer. Die Gewalt der 7000 Quadratmeilen meffenden Nordsee war aller Wahrscheinlichkeit nach eine viel bedeutendere, als die des schmalen Meerbusens zwischen Frankreich und England, und vergegenwärtigen wir uns gar, daß die Nordsee einst mit einer zehnfach größeren Waffermenge und einer 600 Fuß hohen Waffersäule die Klippen bespülte, so können wir wohl bezweifeln, daß sie größere Wirkung ausgeübt hat, als der bedeutend kleinere Meerbusen.

Die von der ehemaligen Felsenkette losgeriffenen Blöcke und Trümmer würden, wenn der Canal den Durchbruch veranlaßt hätte, doch aller Wahrscheinlichkeit nach östlich vom Canal in der Nordsee liegen; denn wenn der vernichtende Stoß von Westen kam, so mußte er in östlicher Richtung wirken. Jene Trümmer liegen aber nicht östlich, sondern westlich der durchbrochenen Linie, Beweis, daß der Stoß von Osten geführt, oder mit andern Worten, daß die Nordsee den Durchbruch erzwungen hat. Für die Ansicht, daß die Nordsee den Durchbruch erzeugt haben müffe, führt Hoff den Umstand an, daß die Zeitströme der Nordsee und des Canals einander zwischen Dungenes und Ryebay an der südöstlichsten Spitze Englands begegnen, und daß hier die Fluth der

Nordsee die des Ozeans überwindet, eine Stunde länger läuft und das Wasser um einige Fuß hebt.*)

Daß sich der Wasserstand der Nordsee nach geschehenem Durchbruch des Canals wesentlich verändert hat, möchten wir bezweifeln. Die Hauptwirkung des Durchbruchs besteht für uns darin, daß wir jetzt **zwei Fluthströmungen haben, während wir zur Zeit der ersten Marschbildung nur die eine, um Schottland herumkommende besaßen** Bei gewöhnlicher Witterung ist die Wirkung beider, auf einander folgenden Strömungen kaum aus einander zu halten. Die Insulaner nennen die, zuerst durch den Canal kommende Fluth die **Vorfluth** und die später nachfolgende die **eigentliche Fluth**. Treibt aber ein heftiger und anhaltender Südwestwind eine starke Fluth durch den Canal gegen unsere Küsten, füllt diese Fluth das Becken der Nordsee aus, und springt der Sturm dann plötzlich nach Nordwest um und zwingt die Strömung, welche um Schottland herumgeht, in die Nordsee herein, dann reichen ihre Grenzen nicht aus, die ungeheuren Wassermassen zu fassen, oder, was dasselbe ist, die Sturmfluth ergießt sich über die Marschen und reißt sie fort.

Fassen wir das oben Gesagte zusammen, so finden wir, daß die Marschbildung erfolgte und ungestört ihren Fortgang nehmen konnte, nachdem der nördliche Durch=

---

*) v. Hoff, natürliche Veränderungen.

bruch zwischen Schottland und Norwegen von der Nord=
see erzwungen worden war; daß aber die Zerstörung der
Marsch und die Unmöglichkeit, an der Westküste Sylts
und den anderen Nordsee=Inseln neue Marsch zu bilden,
von dem Augenblicke datirt, wo der Durchbruch des
Canals erfolgte.

Wann die Durchbrüche erfolgt sind, läßt sich auch
nicht einmal annähernd bestimmen; wenn aber Wiebcking *)
annimmt, daß der Durchbruch des englischen Canals
110 Jahre vor Christi Geburt stattgefunden hat, so
müssen wir ihm entgegen halten, daß Pytheas von
Massilien, welcher im vierten Jahrhundert vor unserer
Zeitrechnung die Nordsee besuchte, England schon als
Insel kennen lernte.

Die ältesten Nachrichten, welche von römischen und
griechischen Schriftstellern über die Nordsee und das
nördliche Europa gebracht worden, sind theils sehr mager
und unvollkommen, theils nur mit großer Vorsicht auf=
zunehmen, weil die Schriftsteller, denen wir die Quellen
verdanken, zum Theil nur Gehörtes und von Anderen
Wahrgenommenes berichten.

Strabo und Ptolemäus haben zum Beispiel
Deutschland beschrieben, ohne es jemals gesehen zu haben;
Caesar kam nicht über den Rhein; Tacitus, Pom=

---

*) Vom Einflusse der Bauwissenschaft auf das allgemeine Wohl
und Wehe und die Civilisation. 4. Abth. S. 1.

penius Mola und Plinius haben wahrscheinlich die Nordküste besucht und schon Pytheas ist an der Küste der Nordsee gewesen, denn er schreibt: „Die Guttonen, ein germanisches Volk, bewohnen eine Küste, welche 6000 Stadien = 150 Meilen lang ist und häufig vom Meere überspült wird.

Wäre ein so bedeutendes Ereigniß, wie der Durchbruch des Canals, nach seiner Zeit oder kurz vorher erfolgt, so würde er, oder im entgegengesetzten Falle, einer der späteren Schriftsteller sicherlich dessen Erwähnung gethan haben.

Ein Zeitgenosse von Pytheas war Ephorus, der in der Mitte des vierten Jahrhunderts lebte; er erzählt: „Die Cimbern, welche an der Nordsee wohnten, haben „aus Verdruß über die beständigen Ueberschwemmungen „ihres Gebietes ihren Wohnsitz verlassen. Es sind mehr „von ihnen durch das Wasser, als durch den Krieg um=„gekommen. Bei einbrechenden Fluthen ergriffen sie die „Waffen und stürzten sich ihnen entgegen, um sie zu „bekämpfen." *)

So kurz diese Andeutungen sind, so lernen wir doch aus ihrem Inhalte, daß 300 bis 400 Jahre vor Christi Geburt schon bedeutende Ueberschwemmungen der Marsch stattgefunden haben, daß diese damals von einem Volks=stamme „Guttonen" — Jüten — bewohnt waren und

---

*) Strabo, VII, 2.

daß „die Cimbern" ihre Wohnorte aus Verdruß über die vielen Ueberschwemmungen verließen.

Neuere Nachrichten finden wir in Plinius' Schriften; er schildert das Land der „Chauken" folgend: „Im „Norden haben wir die Chauken gesehen, welche in große „und kleine eingetheilt werden. Hier steigt und fällt der „Ocean zweimal binnen Tag und Nacht, einen un= „ermeßlichen Landstrich überfluthend, so daß „man bei diesem ewigen Kampfe der Natur in Zweifel „steht, ob die Gegend zum festen Lande oder zum Wasser „gehört. Hier bewohnt das armselige Volk Hütten, „welche auf Hügeln stehen, die durch die Natur ent= „standen oder von ihnen selbst aufgeworfen sind, und „welche über die höchste Fluth emporragen. Sie haben „kein Vieh und keine Milch, wie ihre Nachbarn; nicht „einmal die Jagd giebt ihnen Unterhalt, denn nirgends „findet sich Gebüsch." *)

Vergleichen wir die Mittheilungen des Pytheas und des Epherus, welche 300 — 400 Jahre vor Christus lebten, mit denen von Plinius, welcher wahrscheinlich 50 Jahre nach Christi Geburt Norddeutschland besuchte, so finden wir eine merkwürdig interessante Bestätigung unserer oben ausgesprochenen Ansicht über den Einfluß, den der Durchbruch des Canals auf unsere Marschen hatte.

---

*) Plinius hist. nat. XVI, 1.

In den ält⁅en⁆ Schriften lesen wir, daß die Bewohner der Marschen sich bei eintretenden Ueberschwemmungen dem Meere entgegengeworfen; in den neueren sehen wir die Zustände fast aufs Haar so, nur noch ärmlicher geschildert, als wir sie heute auf unsern Halligen antreffen. Die rohen Völker, welche vielleicht ein Jahrtausend und noch länger auf den Marschen gelebt hatten, ohne von Ueberschwemmungen heimgesucht zu werden, und welche die ungewohnte Erscheinung der Sturmfluth für das Maß feindlicher Mächte halten mochten, bekämpften die See, wie einen Dämon und verließen endlich ihre Heimath. Vierhundert Jahre später hatten sich die „armseligen" Menschen schon an die Erscheinungen der hohen Fluth gewöhnt; sie wohnten auf Hügeln, die sie selbst aufgeworfen, oder die die Natur gebildet; ebenso viele Jahrhunderte später wurden in Holland die ersten Deiche angelegt; die Marsch in Schleswig=Holstein ward erst im 10. Jahrhundert von Friesen eingedeicht.*)

Das Zerstörungswerk hat somit schon vor 2000 Jahren begonnen, und da die Bedingungen, welche die Zerstörung in ihrem Schooße tragen, fortbestehen, so wird der allmälige Untergang der Marschen fortdauern, bis es dem

---

*) Kuß, Tetens Reise. Dankwerths Chronik.

Menschen gelingt, der Natur Widerstand zu leisten.

Es dürfte von Interesse sein, eine Uebersicht über unsere untergegangenen Marschstrecken zu gewinnen; wir wollen daher die Hauptsturmfluthen und deren Einwir= kung auf die Marschen der schleswigholsteinischen Küste kurz verzeichnen. Erst wenn wir uns ein möglichst klares Bild über die Vergangenheit entworfen haben, werden wir im Stande sein, die Gegenwart zu verstehen und Schlüsse auf die Zukunft zu ziehen.

II. Die Marschen.

Betrachtet man die Karte, so findet man vom Kanal bis nach Wangeroog ein, die Küste umfassendes und gegen das Meer schützendes zusammenhängendes Sand= gebirge, das bald zu Sandbänken oder Riffen herabsinkt, sich aber in seiner größeren Ausdehnung zu Dünen erhebt. Von Wangeroog bis nach Blaavands=Huk in Jütland finden sich nur Reste einer solchen zusammen= hängenden Kette; von Blaavands=Huk bis an den, im Jahre 1825 erfolgten Durchbruch des Limfjords ist die ganze Westküste ein regelmäßig und ununterbrochen fortlaufender hochgelegener Sandbrücken.

Da wir mit Bestimmtheit wissen, daß die Sand=bänke und Dünen, welche unsere Küste beschützen, wieder=holt durchbrochen worden sind und daß der jedesmalige Durchbruch den Untergang oder doch wenigstens schwere Beschädigungen der dahinter liegenden Marschen zur Folge hatte, so müssen wir annehmen, daß es eine Zeit gegeben hat, in welcher unsere Küsten ebensowohl ver=wahrt waren, wie die unserer Nachbarländer, mit ande=ren Worten, daß sich längs der ganzen schleswigholstei=nischen Küste, von Wangeroog bis weit nach Norden eine ununterbrochene Schutzmauer von Sandbänken und Dünen erstreckt hat.

Wenn das der Fall war, wenn also Helgoland innerhalb der Dünenkette lag und mit den jetzigen nordfriesischen Inseln zusammenhing oder nur durch schmale Wasser von ihnen getrennt war, dann müssen wir der Elbe eine andere, mehr nördliche Mündung vindiziren.

Nehmen wir z. B. an, daß die Elbe längs der holsteinischen und der schleswigschen Geest fließend da mündete, wo wir jetzt das Lister Tief kennen, und suchen wir die Gründe, welche für und gegen diese An=nahme sprechen, gegen einander abzuwägen.

1. Dies westliche Ufer unserer Geest ist zum größ=ten Theil kein schroff gegen die See abfallendes; seine Form kann ebensowohl dem Einflusse der Elbe, wie den Wir=

kungen des Meeres zugeschrieben werden; vergleichen wir aber die Form und die jährlich sich wiederholenden Risse und Zerstörungen des rothen Kliffs auf Sylt mit dem, fast in gleicher Höhe liegenden Ufer der Geest im Amte Tondern, so liegt die Vermuthung nahe, daß die Geest im Amte Tondern von einer minder rohen Gewalt, als der des Meeres geformt worden ist. Nach unserer Theorie ist die ganze Geest eine Sandbank, die sich nicht aus dem Meere erhob, die aber trocken gelegt wurde, als die Nordsee ihren Wasserstand verminderte; Sandbänke haben aber keine schroffen Ufer, sondern eine ebenmäßige Dossirung.

2. Die Elbe mündete in zwei oder mehren Armen; der südlichere ging nördlich um List, der nördlichere zwischen Fanöe und Blaavands-Huk. Zwischen beiden Mündungen bildeten sich zwei Sandbänke, die wir jetzt als Inseln unter dem Namen Röm und Manöe kennen. Beide sind absolute Sandbildungen.

3. Weiter nördlich konnte die Elbe ihren Lauf wegen des jütischen Riffs nicht fortsetzen, einer Bank, die sich meilenweit in die Nordsee erstreckt, den Strom also rechtwinklig abschnitt.

4. Die Elbe floß nicht in einem, sondern in vielen verschiedenen Strömen durch die Marsch, die sich im Westen der Geest angelegt hatte; sie nahm die Eider, die Husumer Au, die Widau u. s. w. auf. Die Mündung dieser Ströme wurde, weil sie mit der, vielleicht schnell

fließenden Elbe in Contakt kamen, nicht zugeschlemmt, daher Schiffe von England direkte nach Hollingstedt segeln konnten. Die Anschlickungen und Marschbildungen fanden an dem westlichen Elbufer statt, und ganz Nordfriesland war eine große Insel, die durch schmale Wasserströme in kleinere Inseln getheilt wurde, wie ehemals Eiderstedt, das aus den drei Inseln: Everschop, Utholm und Eiderstedt bestand, dessen Verbindung mit dem Festlande erst um die Mitte des 13. Jahrhunderts bewerkstelligt wurde. Erst 1489 wurde durch Eindeichung des Dammkoogs Eiderstedt ein integrirender Theil des Festlandes.

5. Alle Sagen, Ueberlieferungen — und Untersuchungen des Meeresbodens deuten darauf hin, daß Helgoland mit Nordfriesland zusammengehangen habe; ebenso wahrscheinlich ist, daß die ununterbrochene Dünenkette sich bis nach Wangeroog erstreckte. Wie konnte aber die Elbe bei Helgoland das offene Meer erreichen, wenn sich vor ihrer Mündung ein zusammenhängendes Gebirge, theils aus Felsen, theils Dünen und Sandbänken bestehend, aufthürmte?

6. Alte Mythen, selbst Ueberlieferungen von Chronisten, wie Hans Kielholt von Sylt —, Erzählungen der Fischer und Seefahrer, und was mehr gilt, als dies alles zusammengenommen, der eigene Augenschein lehrt, daß sich einst von Sylt eine Felsenkette nach Süd=

westen erhoben und in's Meer hinauserstreckt hat. Bei dem rothen Kliff stand noch vor 20 Jahren ein manns= hoher Felsen, den die See jetzt abgeschlagen hat; wir haben bei den Sturmebben dieses Jahres noch auf dem Meeresboden unterhalb des Kliffs den Limonit anstehen sehen und bedeutende Stücke davon losgeschlagen; auch an Amrums Küste finden sich Spuren eines ehemaligen Felsenriffs; daß Helgolands Felsen keine Mythe sind, daß sie aber von Jahr zu Jahr abnehmen, ist allgemein be= kannt. Die „iserne Muur", welche zu Hans Kiel= holt's Zeit vom rothen Kliff der Insel Sylt weit in's Meer hinausreichte, stand ohne Zweifel mit der „isernen Muur" in Verbindung, welche wir heute noch bei Hel= goland theils noch in ihrer ursprünglichen Größe und Höhe, theils in zerstückelten Riffen kennen, die sich weit um die Insel erstrecken.

7. Ziehen wir eine grade Linie von der Mündung des Agerkanals an Jütlands Westseite nach Wange= roog, so finden wir, daß Helgoland in diese Linie mit hineinfällt, während Sylt und das ganze übrige Nord= friesland innerhalb dieser Linie liegen. Befahren wir aber das Meer, so finden wir von Sylt bis Wangeroog Spu= ren und Reste der Kette von Sandbänken und Dünen, welche sich ohne Zweifel einst ununterbrochen längs der ganzen holländischen, oldenburgischen und schleswigholstei= nischen Küste hinzog.

8. Das Felsenriff, das mindestens von Helgoland

bis nach Sylt reichte, war die westliche Grenze Nord=
frieslands; an diesen thürmte das Meer seine
Sandbänke und Dünen auf, wie es sie jetzt am
Ufer der alten Marsch aufthürmt.

9. Die Form der Lister Tiefe und der Weg, den
sie in südlicher Richtung zwischen Sylt und dem Festlande verfolgt, beweisen, daß hier einst ein starker
Strom von Süden gegangen sein muß, der sich
zwischen der Geest von Sylt und dem hohen Sande
„Jordsand" den Weg bahnte. Schiffer, welche von
der Nordsee durch das Lister Tief nach dem Kanal von
Hoyer fahren, folgen, sowie sie den Ellnbogen von
List erreicht haben, dem alten Bette der Elbe.

10 Von der jetzigen Mündung der Elbe
bis nach Helgoland, Föhr und Sylt liegen
viele Sandbänke; unter denselben finden sich
Marsch und Seetorf — Beweis, daß einst al=
les Land war.*) War aber einst vor der jetzigen
Mündung der Elbe alles Land, so konnte sie dort nicht
münden, sondern mußte an einem anderen Punkte ihre
Vereinigung mit dem Meere suchen.

11. Solange die Nordsee nur im Norden mit dem
atlantischen Ozean in Verbindung stand, solange also der
Fluthstrom in fast senkrecht nördlicher Richtung
wirkte, hatte die von Süden nach Norden

---

*) Arends Nordseeküste.

fließende Elbe ihren natürlichen Abfluß in's Meer, wenn sie längs der schleswigholsteinischen Geest floß. Erst mit dem Durchbruche des Kanals änderte sich ihre natürliche Richtung — ebenso wie sich die Mündungen des Rheins seit jener Zeit geändert haben.

Wir haben gesagt, wir wollten die Gründe, welche gegen den von uns angenommenen Lauf der Elbe sprachen, — gegen diejenigen abwägen, welche unsere Behauptung unterstützen. Wir wollen es aber der Kritik überlassen, solche aufzufinden, denn es sind uns selbst keine Argumente bekannt, die in's Gewicht fallen könnten.

Eine kleine Uebersicht über Nordfriesland, wie es war, dürfte hier am Platze sein; machen wir mit Helgoland den Anfang.

Die erste historische Nachricht über Helgoland verdanken wir dem heiligen Ludgar, dessen Leben der Bischof Alfred von Münster um das Jahr 840 beschrieb. Nach dem heiligen Ludgar besuchte der Bischof von Fühnen, Eilbert, die Insel; Adam von Bremen übernahm es, das, was sein frommer Bruder ihm über Helgoland erzählt hatte, niederzuschreiben. Nach den im Wesentlichen zusammentreffenden Mittheilungen Ludgar's und Eilbert's maß die Insel Helgoland acht Meilen in die Länge und vier Meilen in die Breite (11. Jahrhundert). In einem Verzeichnisse der nordfriesischen Harden und Kirchen des

Jahres 1240 werden drei Kirchen und ein Kloster auf Helgoland aufgeführt

Ranzau in seinem cimbrischen Chersonesus von 1590 behauptet, daß Helgoland zu Ende des 13. Jahrhunderts sieben Kirchen und Kirchspiele besessen hat.

Die Richtigkeit obiger Angaben wird von vielen Gelehrten in Zweifel gezogen; wir wollen denjenigen, welche sich eine so rapide Zerstückelung der Insel nicht erklären können, ins Gedächtniß rufen, daß Nordstrand im Anfang des 17. Jahrhunderts noch 4 Quadratmeilen groß war und daß es jetzt $1/3$ Quadratmeile mißt.

Südlich von Glückstadt lag im 14. Jahrhundert die Stadt Neustadt, von deren ehemaliger Existenz man nichts ahnte, bis Briefe mit wohlerhaltenen Siegeln, welche im Elbschlamm aufgefunden wurden, Kunde von dem einstigen Vorhandensein und dem gänzlichen Untergange Neustadts brachten. *)

Das Kirchspiel Brunsbüttel hat in den Jahren von 1617 bis 1720 seine Deiche zehnmal landeinwärts setzen müssen; im Jahre 1674 ging der Flecken gleichen Namens mit der Kirche und sämmtlichen Häusern spurlos unter.

Uthaven, ein Dorf in der Nähe des alten Bruns=

---

*) Lappenberg.

büttel, ist gänzlich verschwunden; wir wissen nur aus zufällig aufgefundenen Documenten, daß es existirt hat.*)

Die Insel Saabfort, die in Danckwerths Chronik erwähnt und auf der Meyerschen Karte als ein Eiland von bedeutendem Umfange verzeichnet ist, kennen wir jetzt als den Koog Dicksand.

Bysum steht nicht mehr auf demselben Platze, den es vor 400 Jahren einnahm. Alt=Bysum lag 1¼ Meile weiter nach Westen.

Die Insel Helmsand, Gemeinweide der Bysumer, ging 1573 unter.

Ulstorp und Nordhoved, zwei Kirchspiele westlich von Utholm, sind gänzlich verschwunden.

Ivenfleth, Königskapelle und Burnekmoor ruhen auf dem Grund des Meeres.

Süderhever, Brosing und Polenbüll, drei Dörfer, die einst zwischen Orbing und Westerhever lagen, sind untergegangen. Die alte Kirche von Orbing stand 1648 noch weit vom Meere entfernt; 1778 lag sie mitten in den Dünen und 1788 westlich derselben auf dem Strande.

Nordstrand begriff einst Norder= und Süderoog, Pelworm, Nordstrandischmoor u. s. w. in sich; nur kleine Wasserläufe haben die mächtige Insel durchflossen. Nach Danckwerth enthielt Nordstrand zu=

---

*) Lappenberg.

folge einer Vermessung des Jahres 1581: 14,235¼ Demath Kleiboden, 21,789 Demath Moorland, 1000 Demath wüstes Moor, 3456 Demath Außenland, im Ganzen also 40,480¼ Demath.

Daß Nordstrand von den Fluthen, welche, wie wir oben gesehen, schon 400 Jahre vor unserer Zeitrechnung die Marschen zerstörten, früher eine weit größere Ausdehnung gehabt haben muß, leidet wohl keinen Zweifel. Wir wollen uns aber an geschichtliche Facta's halten.

Im Jahre 1300 zerstörte die Fluth den Flecken Rungholt mit acht anderen Kirchspielen.*)

Im Jahre 1362 gingen 30 Kirchspiele unter.

1532 fanden 1900 Menschen ihr Grab in den Wellen; vor dieser Fluth hing Nordmarsch noch mit Föhr zusammen. 1581 maßen die Deiche, welche rund um die Insel gingen, noch 19,222 Ruthen, oder reichlich 12 Meilen.

Im Jahre 1634 hatte Nordstrand noch eine Länge von 3 und eine Breite von 1¼ Meilen und enthielt die Etomsharde im Osten, im Westen die Pelwormharde und im Norden die Baltringsharde; es waren 21 Kirchspiele vorhanden, und zwar Lith, Heersbüll, Eversbüll, Odenbüll, Trindermarsch, Geikenbüll, Stintebüll, Ilegrov, Bophever,

---

*) Heimreichs Chronik.

Bopsee, Königsbüll, Volgsbüll, Röhrbeck, Esebüll, Moorsum, Hamm, Groß- und Kleinpelworm, Westerwold, Osterwold und Boptee, in denen zusammen 9000 Menschen lebten.

Von 1612 bis 1634 ergossen sich eine Menge von Sturmfluthen über Nordstrand, welche den Untergang vorbereiteten, so in den Jahren 1612, 1614, 1617, 1625, 1627, 1628 und 1630.

Der 11. October 1634 brachte Tod und Verderben über die unglücklichen Bewohner, die zu ihren vielen Leiden auch noch im Jahre 1629 von einer bösartigen Pest heimgesucht worden waren.

In einer einzigen entsetzlichen Nacht kamen 6468 Menschen ums Leben, 50,000 Rinder, Pferde und Schafe kamen in den Fluthen um, fast alle Wohnungen wurden zerstört und mit fortgerissen.

Und was that die Regierung, um den wenigen Unglücklichen, die nichts als das nackte Leben gerettet, zu helfen?

Sie stellte ihnen einen Termin, innerhalb welchem sie ihre Deiche auf eigene Kosten wieder aufführen sollten, und als die gänzlich verarmten Einwohner erklärten, diesem Ansinnen nicht genügen zu können, verschenkte sie Nordstrand sammt den Einwohnern an eine holländische Compagnie! Dieser ungeheuerliche Act hatte für die Nordstrander Verhältnisse zur Folge, welche lebhaft an die Zustände Egyptens erinnern.

Wir wollen nur einen Paragraphen der, zwischen den „Hauptparticipanten" und der Regierung vereinbarten Verfassung anführen: Die Hauptparticipanten (so hießen die Holländischen Speculanten und so heißen heute noch ihre Erben und Nachfolger) hatten Recht über Leben und Tod ihrer Unterthanen, und diese konnten in Criminalsachen nicht an die Regierung appelliren, dagegen war die Regierung verpflichtet, auf ihre (der Regierung) Kosten Militair nach Nordstrand zu schicken und etwaige Ruhestörungen durch Waffengewalt niederzuhalten. Ja, die Regierung hatte nicht einmal das Recht, „Unterthanen" der Hauptpartizipanten festzunehmen oder anzuhalten, wenn sie von Nordstrand nach dem Festlande gingen und hier Verbrechen verübten. Die „Rechte" der Hauptpartizipanten vererbten und vererben noch heute, und wenn ein Hauptpartizipiant mehrere Töchter hat, welche gänzlich ungebildete Männer heirathen, so erben diese ehemaligen Drescher und Knechte Souveränitätsrechte!

Die Regierung hat sich bis vor 1¼ Jahren, d h. seit wir unter Preußens Verwaltung stehen, gar nicht um die übrigen, dem Andrange der Nordsee ausgesetzten Inseln bekümmert. Wenn man die „Hülfe" hat kennen lernen, welche den Nordstrandern zu Theil wurde, fühlt man sich verpflichtet, der endlich beseitigten Verwaltung Dänemarks zu danken, weil sie der Natur ihren Lauf gelassen hat, ohne neue Hülfe zu gewähren.

Für Jütlands Westküste ist reichlich Sorge getragen worden, die unsrige ist ein Friedhof!

Fahren wir in dem Verzeichnisse fort:

Nordstrand war einst mit einer Anzahl von Inseln umgeben; zu Anfang des 16. Jahrhunderts kannte man deren noch 24, im Jahre 1825 gab es noch 11 und jetzt kennen wir noch zehn. In der Sturmfluth des 3. Februar 1825 kamen auf diesen Inseln 74 Menschen ums Leben, viel Vieh ging zu Grunde, viele Wohnungen wurden zerstört und Südfall mit fünf Wohnhäusern und 12 Einwohnern ging spurlos zu Grunde.

Amrum hatte einst ausgedehnte Marschen im Westen der Geest liegen; noch zu Anfang dieses Jahrhunderts betrug die Marsch 12 Demathe, jetzt ist sie bis auf eine kleine schmale Scholle verschlungen; der letzte Rest wird bald ein Raub des Meeres geworden sein.

Sylt hat bedeutende Veränderungen erlitten. Einst mit Amrum im Süden zusammenhängend, hatte es ausgedehnte Marschen im Westen.

Wenningstadt war ein Hafenplatz; Rantum, einst das größte friesische Dorf, ist beständig weiter nach Osten gedrängt worden und besteht jetzt noch aus einigen elenden Hütten. Der Brunnen des ehemaligen Dorfes, cirkelrund aufgeführt und mit 7 Fuß langen, keilförmig geschnittenen Kleiseden eingefaßt, tritt bei hohler Ebbe weit draußen auf dem Meeresboden zu Tage; er ist nicht mehr mit erfrischendem Wasser angefüllt. Kein Wanderer, der von Helgoland nach dem Jahrmarkte in Ripen strebt, keine friesische Jungfrau beugt sich über seinen Rand, um sich an dem nassen Krystall zu erfrischen; — das Meer hat ihn mit grobem Kies angefüllt, und trauernd deutet der Enkel hinaus in die See und spricht: weit, weit hinter jenem Brunnen, dort, wo der stolze Dreimaster die weißen Segel entfaltet, stand die Wiege meiner Väter.

Eitum, der Geburtsort Hans Kielholt's, liegt längst auf dem Boden des Meeres; ein todtes Watt wird jetzt noch das Eitumer Tief genannt.

Romöe oder Röm verlor 1248 ein Kirchspiel an der Westseite, auf dem ein großer Wald wuchs; 1210 ging östlich der Insel eine große Strecke Landes mit dem sogenannten Apenholte, einem mächtigen Eichenwalde, unter; 1216 riß das Meer das Gehölz Nacksandt und 1238 das Kirchspiel Bollertsand in den Abgrund.

Wir glauben nicht zu hoch zu greifen, wenn wir die Behauptung aussprechen, daß die zu Schleswig-Holstein gehörende Marsch seit dem Durchbruch des englischen Canals an 200 Quadratmeilen Land verloren hat; wir sehen, daß jede Fluth — und wir haben deren täglich zwei — die Inseln und Halligen benagt, und daß jede Sturmfluth Verderben bringend wirkt.

Wo ist aber das Ende der fortgesetzten Zerstörungen, oder dürfen wir hoffen, durch die bisherigen

Schutzarbeiten und Vorkehrungen dem Verderben Einhalt zu thun?

Sehen wir uns einige der nordfriesischen Inseln an; über die Halligen *) ist längst das Todesurtheil gesprochen; es würde zuviel kosten, sie zu erhalten, mit einander zu verbinden, ihrem Untergang vorzubeugen. So sagt man, und da bei uns gar Wenige sind, welche sich um das Schicksal der Westküste bekümmern, im Volke aber eine erstaunenswerthe Unkenntniß herrscht, so war bis vor wenigen Wochen nur geringe Hoffnung, daß die Regierung Veranlassung nehmen würde, die Erhaltung der Halligen mit aller Kraft in die Hand zu nehmen; für die Inseln war seit unserm Uebergange in preußische Verwaltung schon Vieles geschehen. Seit aber das Oberpräsidium der Herzogthümer eine aus Fachmännern bestehende Commission niedergesetzt hat, deren Aufgabe es ist, Mittel und Wege zur Erhaltung der Halligen zu berathen, dürfen wir energischen Maßregeln entgegensehen und wir dürfen überzeugt sein, daß die Mitglieder der Commission nicht fragen werden, „was kostet dem Staate die Erhaltung dieser oder jener Hallige?" — sondern: „was kostet dem Staate der Untergang dieser oder jener Hallige, welche bisher als Wogenbrecher gedient hat?"

Unsere Inseln sind theils ganz, theils nur an ihrer Ostseite mit Watt umgeben. Watt ist theils Sand,

---

*) Halligen sind uneingedeichte Inseln.

theils Schlickboden, der bei der Fluth unter Wasser steht, bei der Ebbe aber trocken läuft; das drei Meilen breite Watt zwischen Sylt und der Wiedingharde läuft bei Ostwind so trocken, daß der Postsack, welcher sonst pr. Dampfschiff befördert werden muß, von dem Postschiffer Selmer mehrmals zu Fuß hin= und hergetragen worden ist. Im Jahre 1864 trieb ein heftiger Ostwind das Watt von Föhr so trocken, daß die Amrumer Bauern sich den Scherz machten, zu Pferde einen Besuch in dem Wycker Hafen abzustatten und den österreichischen Com=mandeur des Kriegsschiffes „Limfjord" zu begrüßen. Der brave Commandeur entsetzte sich über die Idee, Kriegs=schiffe mit Kavallerie angreifen zu können und nannte unser Meer „nasses Land"

Betrachten wir die Karte, so finden wir, daß das Watt sich von der Elbe längs der ganzen schleswig=hol=steinischen Küste bis nach Jütland hinauf erstreckt, und daß die Inseln eigentlich nur Erhöhungen sind, die sich bald mit mehr, bald mit weniger Sicherheit über das Watt erheben. Amrum und Föhr sind durch ein Watt von einander getrennt, das durch zwei seichte Rinnen: das Föhrer und das Amrumer Tief, durch=schnitten wird. Bei gewöhnlicher Fluth fahren hier kleine Schiffe; bei Sturm und Hochwasser könnte selbst eine Brigg ungefährdet segeln; bei Ebbe fährt man bequem zu Wagen von Insel zu Insel. Amrum hat im Westen eine bedeutende, leider an einer Stelle durchbrochene

Dünenkette; die gewaltige Sandbank **Kniepsand** hält im Südwesten die Wogen vom Dünenfuße ab; weiter nördlich erstreckt sich die lange **Hörnumer** Dünenkette bis an die **Fahrtrapptiefe**, Föhr ist also im Westen geschützt; d h. solange wie Amrum und die Hörnumer Dünen erhalten bleiben; der Untergang des einen oder des anderen hat den Untergang Föhrs zur Folge. Will man daher Amrum erhalten, so darf man nicht fragen, was kostet das? sondern was kosteten der Untergang Amrums und Föhrs und die darauf folgende Zerstörung der Deiche an der schleswigschen Festlandsküste?

Amrum ist durch Dünen und Sandbänke geschützt, **Pelworm** nicht. Dem Andrange des Meeres schutzlos ausgesetzt, hat man die Deiche mit Granitblöcken zu belegen angefangen. Die Unterhaltungskosten dieser Deiche sind so bedeutend, daß die reichen Marschländereien, auf denen die Deichslasten ruhen, fast werthlos geworden sind. Suchte man Seesand zu erhöhen, **Norderoog** und **Hooge** zu verbinden, **Süderoog** mit der bedeutenden **Muschelbank** südwestlich von Pelworm zu vereinigen, so ließe sich Pelworm vielleicht ohne große Mühe halten.

Pelworm liegt im Westen von **Nordstrand** und **Nordstrandischmoor**. Nordstrand hat im verflossenen Sommer einen großen Zuwachs an Land an der Ostseite bekommen; bald wird **Pohns Hallig** mit eingedeicht werden können. Wenn aber Pelworm aufhört, zu existiren, wer schützt dann Nordstrand vor ähnlichen Fluthen, wie wir sie oben aufgezählt haben? Die Dämme? Warum schützen denn nicht die Dämme Pelworm?

Statt das Watt zu beschützen und die Muschelbänke möglichst zu vervielfältigen, läßt die Regierung es zu, daß tausende von Schiffsladungen Muscheln nach Husum gebracht und zu Kalk gebrannt werden, und daß von den hohen Sandrücken ebenso viele Ladungen Sand als Ballast fortgeführt werden. Die Gefahr, welche jetzt dem Amrumer Hafen droht, ist durch beständige Plünderung der Bank westlich von Amrum entstanden.

Sylt, Amrum und Röm sind im Westen durch Dünen begrenzt; Amrum hat neben der Dünenkette die langgestreckte und hochgelegene Sandbank „Kniepsand", an Röm lehnt sich der Haffsand an. Bemerkenswerth ist das stetige Ostwärtswandern dieser beiden Bänke, die sich in neuester Zeit mit den dahinterliegenden Inseln vereinigt haben. Noch auf der ausgezeichnet genauen Karte von Geerz und auf der, von der Admiralität in Dänemark ausgegebenen Seekarte über die Helgolander Bucht ist der Haffsand im Südwesten von Röm als eine, durch einen Wasserlauf von der Insel getrennte Sandbank aufgeführt Seit drei Jahren hat sich der Wasserlauf geschlossen; die Sandbank ist integrirender Theil Röms geworden und jeder Windhauch thürmt auf der

Wiese, die sich einst unter dem Schutze der Sandbank gebildet hatte, Dünen auf. Dasselbe gilt von Kniepsand bei Amrum; die nördliche Verlängerung dieser Bank nähert sich rasch der Insel und wird bald ihre Vereinigung mit der Dünenkette hergestellt haben. Wo Kniepsand sich bereits an Amrum angelegt hat, sind die Dünen bis an den Fuß hinab auf der Westseite bewachsen und schön bossirt; im Norden Amrums, bis wohin sich Kniepsand nicht erstreckt, sind die Dünen durchbrochen. Ein höchst merkwürdiges Phänomen, das, soviel wir wissen, nur auf Amrums Nordwestküste beobachtet worden ist, wollen wir hier anführen.

Die Marsch, welche sich einst weit nach dem Westen hinauserstreckte, die aber jetzt bis auf wenige Rudera zerstört ist, ragt unter den Dünen bis in's Meer hinaus; oberhalb der Fluthlinie liegt eine fußdicke sandige Humusschicht auf dem alten Marschboden. Löst man diese Schicht vorsichtig ab, so findet man vollkommen frisch erhaltene Spuren von Pferden und Rindern.*) König Friedrich der Siebente hatte noch Gelegenheit, solche Spuren zu sehen. Erklären läßt sich diese Erscheinung nur dann, wenn wir annehmen, daß plötzlicher Sandflug die eben getretenen Spuren ausgefüllt und zugedeckt hat,

---

*) Mündlich von Pastor Mecklenburg auf Amrum und dem Lehrer Johannsen an der Schleswiger Domschule.

und daß die abgelagerte Sandschicht durch Vegetation, wie wir sie auf neueren Dünen entstehen sehen, in Humus verwandelt worden ist.

Für diejenigen, welche annehmen, daß die Dünen die Grenzen sind, welche Gott dem Meere setzte, wird der Umstand, daß die Sandbänke zu Dünen aufwehen, sobald sie sich mit der, bisher von ihnen getrennt gewesenen Insel vereinigen, und wovon man sich durch eine Untersuchung der Amrumer und Romöer Dünen leicht überzeugen kann, von belehrendem Interesse sein.

Die ganze Insel Röm oder Romöe besteht, mit Ausnahme der Marschwiesen, die sich in späterer Zeit gebildet haben, nur aus Dünensande. Daß noch vor 600 Jahren eine bewaldete Marsch das jetzige Wellenmeer zwischen Röm und dem Festlande bedeckte, wissen wir aus den oben angeführten Daten. Die Marsch lag unzweifelhaft unter dem Schutze einer mächtigen Sandbank, die sich im Delta der Elbe gebildet hatte; die Sandbank wanderte ostwärts, vereinigte sich mit der Marsch und thürmte sich in Form von Dünen über sie auf. Ebenso ist es List, der Nordspitze von Sylt, und ebenso Hörnum und Rantum ergangen. Der gänzliche Mangel an Steinen, selbst von der Größe einer Haselnuß, und das Vorkommen von Pflanzen, die weder auf der Geest, noch in der Marsch der zunächst liegenden Inseln getroffen werden, beweisen zur Evidenz, die spätere Bildung der Hörnumer und Lister Dünen, sowie die der Insel Röm. Auf letzterer findet sich, wie der Pastor sehr richtig einem Naturforscher schrieb, der sich bei ihm nach den geologischen Verhältnissen Röms erkundigt hatte, "Sand, reiner Sand und nichts als Sand!"

Nach dieser geographischen Untersuchung der Inseln wird der Leser uns verstehen, wenn wir folgende Grundsätze aufstellen.

1. Sandbänke dienen als Wogenbrecher und schützen selbst den Dünenfuß in der ausgedehnten Weise. (Amrum.)
2. Deiche, welche dem Anprall des Meeres ausgesetzt sind, ohne durch eine vorliegende Insel oder Bank geschützt zu sein, bedürfen der kostspieligsten Unterhaltung. (Pelworm.)
3. Inseln, welche unter dem Schutze von anderen Inseln liegen, daher dem vollen Anprall der See nicht ausgesetzt sind, bedürfen keiner besonders kostspieligen Granitbekleidungen. (Nordstrand.)
4. Sandbänke und Dünen wandern beständig nach Osten. (Sylt, Amrum, Röm.)

Fügen wir diesem hinzu, daß das ganze Wattenmeer wegen seiner höheren Erhebung gleichsam wie eine große Bank wirkt, welche den Wellenschlag an der Festlandsküste abschwächt, so wird man uns beistimmen, wenn wir Sandbänke, Inseln, Wattenmeer und Dünen als Wogenbrecher des Festlandes ansehen, ohne deren Vorhandensein die Dämme des letzteren sich in derselben Lage befinden würden, wie die der Insel Pelworm.

Fassen wir nun das, was nicht im nächsten Jahre, nicht in den nächsten zehn und zwanzig Jahren, aber doch endlich geschehen muß, zusammen, so kommen wir zu dem Schlusse, daß die fortgesetzten Zerstörungen der Inseln (worunter wir auch die Halligen rechnen wollen), der Watten, der Sandbänke und der Dünen uns die Frage aufdrängen werden: Ist die Küste des Festlandes sicher, oder tritt jetzt an die schleswig-holsteinischen Festlandsmarschen dieselbe Gefahr heran, welcher die Marschen der Inseln nicht zu widerstehen vermochten?

Es wird viele geben, welche den Schutz der Deiche für genügend halten und die den Untergang der Inseln wie ein Drama betrachten, das bis zu Ende geführt werden muß. Wir wollen diejenigen, welche so denken statt sie durch wissenschaftliche Erörterungen zu ermüden und ohne sie nochmals auf Pelworm zu verweisen, mit der Wirkung des Sturmes vom 9. November 1866 bekannt machen.

Das rothe Kliff der Insel Sylt erhebt sich 40 bis 70 Fuß über den Strand der Insel; der Fuß des Kliffs liegt 12 bis 15 Fuß über der gewöhnlichen Ebbe, 5 bis 8 Fuß über gewöhnlicher Fluth. Am 9. Novbr. d. J. sprützten die Wellen über den Rand des Kliffs; Schaum und Gischt flogen über die Kampener

Haide bis halbwegs nach dem Dorfe Kampen. Während die wilde See an dieser Stelle zu so ungeheuern Wogen aufgethürmt wurde, stieg das Wasser auf dem Wattenmeere zwischen Sylt und dem Festlande nur einige Fuß über gewöhnliche Fluth und von einem Angriff auf die Deiche des Festlandes war keine Rede. Wie aber, wenn die Deiche einen Anprall auszuhalten hätten, ähnlich dem des rothen Kliffs? Das Vorland würde bald weggeschlagen sein, so gut wie das Vorland längs der 6 Meilen langen Küste von Sylt und längs Amrums Westküste weggeschlagen worden ist; wenn aber das Vorland verschwunden ist, — wenn die Wogen nicht mehr eine sanfte Dossirung finden, auf die sie auflaufen können, so hilft kein Deich Wir Menschen gebieten nicht über Mittel, durch welche wir den ungeschwächten Anprall der gewaltigen Nordsee Widerstand zu leisten vermögen. Wohl können wir die Wogen auf Bahnen lenken, die wir in unserer Gewalt haben, und wir sehen täglich am und im Meere Bollwerke aus leichten feinen Sandkörnern aufgeführt, die vermöge ihrer Dossirung den Wellen einen Tummelplatz gestatten, auf dem sie ihre eigene Kraft abschwächen. Vergegenwärtigen wir uns, was wir während einer Brandung an der Küste sehen. Hohe Wellen, durch den Sturm erzeugt, tauchen vor unsern Augen auf und nieder; so lange die Bewegung des Meeres nicht durch

ein Hemmniß unterbrochen wird, pflanzt sich die wellen=
förmige Bewegung des Wassers fort, ohne daß — wie
es den Anschein hat und die Meisten glauben — das
Wasser dieser Bewegung folgt. Wirft man ein Stück
Holz oder einen anderen leichten Gegenstand ins Wasser,
so sehen wir, daß er auf demselben Punkte auf= und
niedertaucht, während die schaumbekränzten Wogen schnell
über und unter ihm forteilen. Bewegte sich das Meer
aber in derselben Richtung vorwärts, in welcher die
Wellen sich zu bewegen scheinen, so müßte das Holz,
welches wir in die See hinauswarfen, ja dieser Bewegung
folgen und könnte nicht an derselben Stelle auf= und
niedertanzen.

Schleiden erklärt in seinem schönen Werke „das
Meer" die Entstehung der Wellen folgend:

„Wenn man den Laien sagt, es sei eine fortschrei=
„tende Bewegung, bei welcher der bewegte Körper gleich=
„wohl nicht von der Stelle kommt, so wird ihm das
„anfangs wie ein unlösliches Räthsel erscheinen und doch
„verhält sich die Sache so und ist auch gar einfach zu
„erklären. Wenn ein Stück Kork, welches gar nicht über
„dem Wasser hervorragt und daher dem Winde keine
„Fläche darbietet, worauf er wie auf ein Segel treibend
„einwirken kann, auf offenem Meere schwimmt, so
„würde dasselbe, abgesehen von etwaigen Meeresströmun=
„gen, Jahrtausende auf den Wellen auf= und abtanzen,
„ohne seine Stelle zu verändern Die Bewegung des

„Waffers in der Welle ift nur eine ſenkrecht auf= und
„niederſteigende, aber keineswegs nach irgend einer hori=
„zontalen Richtung beſtimmte. Der Stoß des Windes
„drückt ein Waſſertheilchen nieder; damit es Platz habe,
„verdrängt daſſelbe ein anderes, welches, um Raum zu
„gewinnen, ſich über das vorherige Niveau erhebt. Das
„niedergedrückte Waſſertheilchen bildet das Wellenthal, das
„erhobene den Wellenberg und beide zuſammen die ganze
„Welle. Nun drückt aber der Wind den erhobenen Theil
„auch nieder und der früher niedergedrückte Theil muß
„ſich erheben. Die Bewegung jedes Waſſertheilchens iſt
„nur auf= und abwärts. Aber da daſſelbe Schickſal jedes
„folgende Theilchen in der Richtung des Windes trifft,
„ſo iſt die Bewegung für ſich allerdings eine fortſchrei=
„tende, aber ohne daß das Waſſer daran Theil nähme.*)

Die Bewegung pflanzt ſich alſo fort und das Heben und Senken der einzelnen Waſſertheilchen erzeugt die Welle; wo der Boden des Meeres ſo tief iſt, daß die ſenkrechte Bewegung auf kein Hinderniß ſtößt, Urſache und Wirkung alſo unter gleichen Bedingungen fort exiſtiren, ſind die Wellen von gleicher Höhe und gleicher Tiefe. Wo aber der Meeresboden der ſenkrechten Be= wegung des Waſſers Schranken ſetzt, wird dieſe in eine horizontale Richtung umgewandelt, anſtatt daher zehn, ja vierzig Fuß hoch gehoben und geſenkt zu werden,

---

*) Schleiden, das Meer; S. 76.

werden die Wassertheilchen mit derselben Kraft, welche diese Hebungen und Senkungen zu erzeugen vermochte, horizontal vorwärts bewegt. Das Ufer witersteht aber dieser Bewegung; die Welle wird verhindert, dem ungeheuern Drucke zu gehorchen, der auf jedem ihrer Atome ruht; zurück kann sie nicht, zu beiden Seiten ist kein Ausweg, sie muß also vorwärts und erklimmt bis zu unglaublicher Höhe die steile Felsenwand, die solchem Anprall nicht gewachsen, unterliegen muß, selbst wenn sie aus Säulen von Granit besteht. Die aus feinen Sandkörnern bestehende Sandbank aber, die künstlich geschaffenen Vordünen mit ihrer sanften Dossirung gestatten der Woge einen langen Auflauf und machen, daß ihre Kraft gleichsam in sich selber erstirbt. **Hierin liegt die große Bedeutung der, von unserer Regierung angeordneten Vordünenbauten auf den friesischen Inseln, deren wir später ausführlich erwähnen werden. Während die Wogen am 9. November das steile und scheinbar unvergängliche rothe Kliff auf Sylt stark beschädigten, liefen sie unmitelbar neben dem Kliff über die dortigen Vordünen und ließen beträchtliche Sandmassen am Ufer zurück.**

Wir wollen noch einige interessante Berechnungen und Beobachtungen mittheilen, welche angestellt worden sind, um die Kraft zu messen, mit welcher die Wellen gegen feststehende Klippen, — und gegen Marschdeiche zu wirken vermögen. Wir entnehmen einen Theil dieser Beobachtungen dem schon mehrfach citirten Schleiden'schen Meisterwerke:

"Nach mehrmonatlichen Versuchen von Clegg ergab sich die Kraft des Wellenschlages an den Küsten im Sommer zu 611 Pfund auf den Quadratfuß, im Winter zu 2086; die größte Kraft, die beobachtet wurde, betrug 6100 Pfund auf den Quadratfuß. Im Frith of Forth in Schottland wurde ein Stein von 28 Centnern aus einer Mauer gerissen und an's Ufer geworfen; bei Calf Point auf Irland wurde ein Stein von 200 Centnern aus dem Grunde losgerissen und an's Ufer geschleudert, auf Barrahead, auf den Hebriden, ein Gneisblock von 840 Centnern 5 Fuß weit fortgeschoben.

Einen deutlicheren Begriff von der Gewalt der Wogen wird man durch folgende Schilderung der Sturmfluth des 11. October 1634 erhalten, welche wir Ahrends "Nordsee" entnommen haben.

"Den 11. October Nachmittags 3 Uhr entstand bei Neumond ein furchtbarer Südweststurm, der um 6 Uhr, als die Fluth eintrat, noch heftiger wurde. Um 7 Uhr drehte sich der Wind nach Nordwesten und tobte so stark, daß fast kein Mensch stehen oder gehen konnte. Dabei regnete, hagelte, donnerte und blitzte es fürchterlich und der Wind stürmte immer mächtiger. Gegen 8 und 9 Uhr ging das Wasser an vielen Orten bereits über die höchsten Deiche und um 10 Uhr war

das ungeheuere Unglück schon geschehen. Das Waſſer wogte 12 bis 20 Fuß über der ganzen Marſch. Un=
zählige Wehlen (Deichbrüche) waren entſtanden; von ganzen Deichſtrecken ſtanden nur noch hin und wieder, gleich zerſtreuten Hügeln, einzelne Theile. Niemand hatte dies Unglück vermuthet, indem man die Deiche für ſtark genug hielt, der See Wider=
ſtand zu leiſten. Die Einwohner hatten ſich daher nie=
dergelegt und ruhten im tiefen Schlummer, während ihre Häuſer ſchon, von dem Waſſer emporgehoben, umher=
trieben. Viele, die keinen Weg der Rettung ſahen, ban=
den ſich mit Stricken an die Ihrigen, um im Tode wie im Leben vereint zu bleiben; andere flüchteten auf die Dächer und wurden, wie Schiffbrüchige, hin und her ge=
trieben; bald wurden die Dächer zerſchlagen, die Unglück=
lichen von einander getrennt, auf einem Stücke des Daches der Vater, auf einem andern die Mutter, auf dem dritten zarte Kinder, verzweiflungsvoll die Hände ringend.

Faſt die ganze Marſch war Zeuge der jammervoll=
ſten Scenen. In Ripen ſtand das Waſſer ſo hoch, wie man es noch nie erlebt hatte; über eine Elle hoch in der Domkirche, die auf dem höchſten Punkte der Stadt erbaut iſt. Die Häuſer der Stadt wurden zum großen Theile zerſtört; drei Dörfer in der Nähe von Ripen gingen mit Häuſern, Menſchen und Vieh zu Grunde; ſogar in dem, drei Meilen entfernten Dorfe Warning ertranken zehn Menſchen. In der Wiedingharde

ertranken 148, in der Lohharde 104 Menschen. Im Amte Tondern stand die ganze Marsch unter Wasser, 600 Menschen fanden in den Wellen ihren Tod. Zu Tondern stand das Wasser in der Kirche 3 Fuß hoch, das Vieh auf den Weiden ertrank. In der Böcking=harde kamen 402 Menschen um's Leben, in dem Amte Bredsted 800, in der Habstedter Harde 50, in den Kirch=spielen Lundenberg, Simonsberg und Pabelak gegen 100.

In Eiderstedt ging das Wasser 1½ Ellen über die Geest; in Garding ertranken 177, und in ganz Eiderstedt 2107 Menschen; 664 Häuser wurden weggerissen oder zerstört, 6100 Stück Rindvieh, 8738 Schafe kamen ums Leben; Tetenbüll verlor 505 seiner Einwohner, selbst in Tönning kamen 34 Menschen um. Ganz Dithmar=schen war ein großer See; Schiffe gingen über die Deiche weg weit in's Land hinein. Im Kirchspiele Lunden ertranken 65 Menschen, 181 Pferde, 725 Stück Rindvieh und 30 Häuser wurden weggerissen. Einige tausend Ruthen Deich waren fortgespühlt und an einigen Stellen waren Deichbrüche von 35 Fuß Tiefe gerissen. Im Kirchspiel Büsum ertranken 168 Menschen und 1300 Stück Vieh, 102 Häuser trieben weg. In Süderdith=marschen ertranken 47 Menschen, 1195 Stück Rindvieh und 238 Pferde; Deichbrüche von 200 bis 800 Ruthen Länge mit Wehlen von 20 Fuß Tiefe wurden gerissen. In Glückstadt stand das Wasser so hoch, daß ein Schiff von 130 Lasten bis an den Kirchhof der Stadt trieb.

Es kamen in dieser Fluth 11,038 Menschen und 80,000 Stück Vieh um; auf Nordstrand wurden 1334 Häuser und 32 Mühlen, in Eiderstedt 664 Häuser, in Dithmarschen 163 zerstört, in beiden Herzogthümern 2800!

Um dem Wahne zu begegnen, daß ähnliche Fluthen zu den Seltenheiten gehören, wollen wir die, uns bekannten Sturmfluthen, welche die schleswig=holsteinischen Marschen heimgesucht haben, in chronologischer Ordnung aufführen. Wir entnehmen das Verzeichniß dem mehrfach erwähnten Werke: Ahrends Nordsee.

1216 brach eine schreckliche Fluth über die Marschen, nach Heimreich und Anderen fanden in Eiderstedt, Dithmarschen und auf Nordstrand an 10,000 Menschen ihr Grab in den Fluthen. Nacksand, ein bedeutendes Gehölz östlich der jetzigen Düneninsel Röm wurde zerstört.

1238 Bollertsand, ein Kirchspiel mit mehreren Dörfern, zu Röm gehörend, ward vom Meere verschlungen.

1248. Ein Kirchspiel an der Westseite von Röm ging unter.

1300. Eine verderbliche Fluth ergoß sich über Schleswig. Das Meer stieg einige Ellen über die Deiche; Rungholt mit sieben Kirchspielen, zu Nordstrand gehörend, ging mit noch acht anderen Dörfern derselben Insel zu Grunde. Die Stadt Wenningstadt auf Sylt verlor ihre Kirche. 7600 Menschen kamen in der Fluth ums Leben.

1362 wüthete die See fürchterlich in Schleswig. Wegen der vielen Menschen, die in den Wellen umkamen, wurde die Fluth „de groote Mandrank" genannt. In Everschop und Utholm ertrank der größte Theil der Einwohner; Nordstrand verlor 30 Kirchspiele.

1405 ertranken in den Herzogthümern viele tausend Menschen.

1426
1427
1428 strömte das Meer in die Marschen; das Land blieb bis 1440 einem großen See gleich.

1436. Auf Allerheiligen durchbrach das Meer fast überall die Deiche und richtete unsäglichen Schaden an, besonders in Dithmarschen, wo viele Menschen ertranken In Eiderstedt kamen in Tetenbüll 280 ums Leben; das Kirchspiel Pelworm ward von Nordstrand losgerissen und bildet seitdem eine eigene Insel. Der Bürgermeister Detlev zu Tönning erfuhr ein eigenthümliches Schicksal; er war in einen großen Kübel gestiegen, um seine Frau zu retten, ward aber von der Strömung in die Eider und ins Meer hinausgerissen und kam endlich bei Büsum ans Land. *)

1476. Ganz Eiderstedt, mit Ausnahme von Oldens= worth, stand unter Wasser; alle Deiche waren beschädigt.

1482 brach eine große Fluth über Schleswig ein.

---

*) Kranz Wand. Heimreich. Hoier. Kuß.

1483 zerstörte die Fluth die Deiche auf Pelworm und bei Tetenbüll.

1491. Am 16. September d. J. zerstörte eine Fluth einen großen Theil der Marschen; viel Vieh ertrank.

1504 ging die Gemeinde Herzhorn unweit Glückstadt fast ganz zu Grunde.

1511 brach die See bei Siemonsberg und Lundenberg durch die Deiche und überströmte den Dammkoog und die Schwabstedter Wiesen.

1521 brachen die Deiche in Dithmarschen durch, das Kloster zu Lunden stürzte ein, Witzworth in Eiderstedt ward überschwemmt.

1532. wüthete eine schreckliche Sturmfluth gegen unsere Küsten. Mannshoch stand das Wasser in den Marschen, viele tausend Menschen ertranken, unzähliges Vieh kam um. Nordstrand wurde ganz überschwemmt; 11 große Wehlen wurden in die Deiche gerissen, von denen einige 40 Ellen tief waren. 1900 Menschen ertranken allein auf Nordstrand. In Ripen stand das Wasser so hoch, daß man nach seinem Abflusse in den Kirchengängen und auf den Straßen Fische auflesen konnte. In Tondern stand das Wasser 6 Fuß hoch an der Kirchenmauer und that am Schlosse vielen Schaden. In der Lundenberger Harde mußte man den Deich landeinwärts setzen; in Eiderstedt ertranken 1100 Menschen; in Dithmarschen so unzählig viele, daß man die Leichen nach dem Ablaufe des Wassers da begrub, wo man sie fand. Bei Büsum blieb nicht der dritte Theil vom Deiche stehen; das Wasser stand in Lunden in den Häusern. In der Wilstermarsch trieben mehrere Häuser sammt ihren Bewohnern auf die Geest! Die Kirchen zu Bishorst und Asfleth fielen in Trümmer.

1533 wurden die Deiche auf Nordstrand zum großen Theile durchbrochen.

1561. Nach einem heftigen Sturme, der vom 16. Mai fast ununterbrochen angehalten hatte, erhob sich am 27. Juli ein Orkan, welcher die ganze Eiderstedtsche Marsch in Gefahr setzte. Bei **Westerhever** und **Ulvesbüll** entstanden Deichbrüche. Die Kirchspiele **Kolbenbüttel** und **Witzworth** standen unter Wasser; in der **Haselborfer** Marsch in Holstein ertranken viele Menschen.

1570 sprang zur Zeit des Vollmondes (am 1. November) der Südweststurm nach Nordwest um, wodurch eine entsetzliche Sturmfluth entstand, in welcher 41,748 Menschen das Leben verloren. Die Herzogthümer litten weniger, als die holländische Küste, verloren aber doch 300 Menschen. Die Stör durchbrach den Neukircher Deich und setzte das ganze Kirchspiel unter Wasser; sogar der Nienbrocker Binnendeich kam in Gefahr. In Dithmarschen litt besonders Büsum, am stärksten wurden Eiderstedt und Nordstrand beschädigt; in ersterem Lande stand das Wasser

10 Fuß hoch; auf Nordstrand waren die Deiche an 11 Stellen durchbrochen.

1582 wurde die **Wilstermarsch** überschwemmt und das Siel bei **St. Margarethen** ausgerissen.

1593 brach die See zwischen dem 24. und 25. December über die Deiche, setzte **Bredstedt** unter Wasser und beschädigte die Deiche längs drr schleswig= schen Küste so stark, daß man Jahre brauchte, um sie auszubessern. In **Tondern** wurden die Häuser in der Wasserstraße umgeworfen.

1598 brach der Deich der **Wilstermarsch**.

1599 zerstörte die See den Deich des **Sievers= flether** Koogs in Eiderstedt.

1602 richtete die Sturmfluth unermeßlichen Schaden an, der **Büsumer** und drei andere Deiche wurden ganz zerstört; das Meer brach bei **Siemonsberg** und bei **Lundenberg** durch und überfluthete die Marschen weit und breit.

1610 am 23. Januar sprang der Sturm von Südwest nach Nordwest um und richtete großen Schaden an. Am 4. März desselben Jahres brachen bei **Husum** der Mühlendamm, der Galgenbergsdamm und der Rademisserdamm. Die Husumer Anschleuse mit dem zunächst stehenden Hause und noch zwei anderen im Rademiß wurde in einem Augenblicke fortgeschwemmt

1612 am 12. September und 21. October thaten die Fluthen großen Schaden. Die Schleuse zu **Stinte=**

büll auf Nordstrand wurde zerstört und weggerissen, der Illgrover Deich durchbrochen, Oldensworth, die Marsch von Hatstedt bis nach Husum und Tondern stand unter Wasser. Bei Tönning brach ein Deich.

1615. Am 1. December Nachts erhob sich die See unter gewaltigem Getöse zu großer Höhe und überschwemmte die ganze Marsch. In der Wiedingharde ertranken 280 Menschen. Die Ricksbüller Kirche wurde von Grund aus zerstört; der Friedhof aufgewühlt, daß die Särge umhertrieben. In Riesummoor, Okholm und den benachbarten Gegenden ertranken viele Menschen; im Gottesloog allein 32. Auch kam eine ungeheuere Zahl Vieh ums Leben, denn unvermuthet stürzte die See heran und riß ganze Familien sammt ihren Wohnungen fort. Das Kirchspiel Deezbüll verlor z. B. 205 Pferde. In Tondern fuhr man in Kähnen auf den Straßen. Im Osterthore stand das Wasser 6 Fuß hoch. Das Schloß stand bis zu den Fenstern im Wasser und litt große Beschädigungen. In Husum wurden die Schiffe von ihren Ankern gerissen und in die Stadt geworfen; ganz Eiberstedt stand unter Wasser. In Norderdithmarschen brach das Meer an mehreren Stellen durch und verursachte Delve und Büsum großen Schaden. In Süderdithmarschen gingen die Meldorfer und die Marne-Neukooger Schleusen mit mehreren Ruthen Deich fort.

Bei **Brunsbüttel** rissen die Deiche, die Häuser in der Marsch standen bis ans Dach im Wasser.

1617 wurden die Deiche bei **Brunsbüttel, Eddelak** und **St. Margarethen** niedergerissen

1610 zerstörte die See die Deiche bei **Bredstedt.**

1625. Am 20. Januar stürmte es heftig aus Südwest; der Wind sprang plötzlich nach Nordwest und verursachte eine ungewöhnlich hohe Fluth. Die Deiche bei **Lundenberg** und **Siemonsberg** konnten dem Anprall des Meeres nicht widerstehen, die ganze Marsch jener Gegend stand unter Wasser.

1625. Am 26. Februar desselben Jahres, nachdem kurz vorher ein Sturm im Amte Bordesholm 23,000 Bäume entwurzelt hatte, brach eine zweite Fluth ein. Mehr denn Ellenhoch brauste die See über die Deiche. Sie durchbrach die stärksten Deiche, führte große Schiffe über sie weg in das Land und riß die größten Häuser mit sich fort. Nordstrand litt wie gewöhnlich bedeutend. Die Eisschollen thürmten sich vor und auf den Deichen auf und verhinderten dadurch vielleicht den gänzlichen Untergang der Insel. **Eiderstedt** war bis auf ein paar Kööge unter Wasser. Zu **Westerhever** wurden 16 Häuser zerstört, 33 Menschen kamen ums Leben. Von **Lundenberg**, wo 7 Menschen ertranken, floß das Wasser, nachdem es den Mitteldeich zerbrochen, nach **Schwabstedt** und in die **Hattstedter Marsch.** Bei **Süderdiek** in Dithmarschen gingen 140 Ruthen weg.

Bei Brunsbüttel, Ebbelak und Marne brach das Meer sich gewaltsam Bahn und setzte die Marschen unter Wasser, das erst abzulaufen begann, nachdem es 14 Tage gestanden. Auch Glückstadt und die Wildniß erlitten schweren Schaden.

1625. Am 20. März dieses Unglücksjahres entstand wieder eine hohe Fluth; auf Nordstrand kamen 9 Kirchspiele unter Wasser; unendlich war der Schaden, der den Deichen zugefügt wurde.

1628. Die Tage des 26. und 29. Januar, des 5., 6. und 7. September und des 16. December dieses Jahres waren Schreckenstage für die Westküste. Auf Nordstrand wurden fast alle Kirchspiele überschwemmt; Deiche und Häuser des Festlandes wurden arg beschädigt, Büsum, Delve, Reinsbüttel, Ebbelak, Oldenwörden und Brunsbüttel erlitten Deichbrüche; in Eiderstedt lief der neue Koog bei Tating und Westerhever unter.

1630 erhob sich am 6. Juni ein heftiger Sturm, der den Ulvesbüller Deich niederriß, Koldenbüttel und Witzwort unter Wasser setzte und Tetenbüll großen Schaden verursachte.

1634. Der Fluth dieses Jahres, welche Nordstrand so schrecklich heimsuchte, haben wir schon erwähnt.

1643 brach eine entsetzliche Fluth über die holländischen Marschen ein. Die Herzogthümer litten weniger, obgleich Glückstadt eine Zeit lang in Gefahr stand, ganz weggerissen zu werden; auch in Dithmarschen brachen mehrere Deiche durch.

1655 brachen die Deiche zu St. Annen in Dithmarschen; von Husum bis Bredstedt wurde der Deich an vielen Stellen zerrissen; ebenso auf Pelworm.

1660. Am 16. November dieses Jahres wüthete ein heftiger Sturm, der die See hoch aufthürmte. Auf Nordstrandischmoor wurde die Kirche zerstört.

1661 brachen die Deiche bei Bredstedt.

1662 trat zur Ebbezeit eine hohe Fluth ein, welche die Deiche übel zurichtete, bei Bredstedt und in die Wiebingharde einbrach und großen Schaden anrichtete.

1692 ward die Haselforfer Marsch weggerissen.

1701 wurde Eiderstedt überschwemmt.

1703 wurde Glückstadt von einer starken Fluth heimgesucht. Die Deiche brachen ein, das Schloß wurde stark beschädigt und die schleswigschen Deiche wurden übel zugerichtet, besonders stark wurden die Pelwormer und Nordstrander Deiche beschädigt.

1709. Die Wilster Marsch und Breitenburg wurden von einer heftigen Fluth überschwemmt.

1710 ging die Hattstedter Marsch unter Wasser; der letzte Rest der weißen Klippe auf Helgoland wurde weggerissen.

1714 wurde der Kaideich bei Bredstedt fortgerissen.

1717 brachte eine der schrecklichsten Sturmfluthen, von welchen die Geschichte zu erzählen weiß. Mehrere Tage vor Weihnachten wehte es scharf aus Südwesten, wodurch viel Wasser durch den Kanal in die Nordsee strömte. Freitag den 24. Dec. Nachmittags ging der Wind nach Westen und dann nach Nordwesten um. Nachts zwischen 1 und 2 Uhr raste ein furchtbarer Orkan aus Nordwest und trieb die See zu einer ungewöhnlichen Höhe; in Holland standen 75 Quadratmeilen Landes 6 bis 15 Fuß unter Wasser; 2752 Menschen, 2308 Pferde, 9700 Stück Rindvieh und 2845 Schafe kamen ums Leben, 930 Häuser wurden fortgerissen, 1824 beschädigt. In Oldenburg ertranken 1649 Menschen, 556 Pferde, 3915 Stück Rindvieh, 1799 Schafe, 1005 Schweine und 448 Häuser wurden zerstört.

In den Herzogthümern richtete diese Fluth, welche man die Weihnachtsfluth genannt hat, unendlichen Schaden an. Die Haselauer und Bielenburger Marsch wurden überschwemmt. Zu Sestermühle brach der Deich an verschiedenen Stellen. In Glückstadt trieb ein Schiff mitten auf den Markt und die Stadt war in größter Gefahr, ganz weggerissen zu werden. Zum Glück brachen die Deiche, so daß das Wasser sich über die Marschen ergießen konnte. Die Wilstermarsch stand tief unter Wasser. Die Deiche zwischen Wevelsfleth und Beienfleth brachen an 22 Stellen. Zu

Wevelsfleth wühlte die See den Kirchhof auf und riß ein 12 Fuß tiefes Loch; die Skelette und halb verwesten Leichname fand man nachher in Zäunen und Staketen wieder. Bei Brockdorf warf die See die großen Granitblöcke, mit denen der Außenfuß der Deiche belegt war, über die Deichkrone. Bei St. Margarethen, im Eklaker Moor und dem Kubensee richtete das Wasser großen Schaden an. In Norderdithmarschen waren 1688 Ruthen Deich ganz weggerissen, 2200 Ruthen schwer beschädigt; 76 Grundbrüche waren entstanden, im Büsumer Deich allein 26. In Süderdithmarschen gab es Deichbrüche von 30 Fuß Tiefe Bei Brunsbüttel entstand ein Grundbruch von 22 Ruthen Breite und 52 Fuß Tiefe. Dieser ungeheure Grundbruch ging eine Viertelmeile weit in das Land hinein. Auch der Donnendeich wurde niedergerissen. In Brunsbüttel ertranken 173, in Büsum 73 Menschen. In der ganzen Marsch stand das Wasser 7 Fuß hoch. In ganz Dithmarschen verloren 468 Menschen, 3463 Pferde und Rinder das Leben; 279 Häuser wurden ganz zerstört. In Eiderstedt waren die Deiche des Tönninger Kirchspiels und die bei Oldensworth an mehreren Stellen durchbrochen. In Tönning stand das Wasser mannshoch. In Everschop hatte der Deich 11 Einbrüche und 4 Wehlen bekommen; 100 Ruthen waren ganz fortgerissen; in den Kirchspielen St. Peter und Ording auf Utholm zählte man 63 Einbrüche und 4 Wehlen, 578 Ruthen Deich waren ganz weggespühlt; 30 Menschen kamen ums Leben. Im Graffenkoog ertranken 7 Menschen und fast alles Vieh. Husum, Dagebüll und die Wie= dingharde wurden stark beschädigt. Nordstrand und Pelworm standen ganz unter Wasser; auf Nordstran= dischmoor wurde die Kanzel aus der Kirche fort= geschwemmt; von 20 Häusern wurden 18 zerstört; auf Hooge wurden 12 Häuser mit allem, was darin be= findlich war, weggespühlt; 60 Häuser wurden ruinirt; auf Nordmarsch ertranken 19 Menschen, 19 Häuser wurden weggerissen, 48 beschädigt. Auch Oland und Lange= neß wurden überschwemmt und auf Föhr stand die ganze Marsch 8 Fuß unter Wasser; die Deiche hatten bedeutende Brüche erlitten. Es ertranken in dieser Fluth in den Herzogthümern 549 Menschen, 3650 Pferde und Rinder, 770 Schafe und 67 Schweine; 329 Häuser wurden fortgerissen und 1175 schwer beschädigt.

Bemerkenswerth ist, daß bei Karlsstadt an der holländischen Küste Deiche von 25 Fuß Höhe und 130 Fuß Breite, mit einer Kappe, die so breit war, daß zwei Wagen neben einander fahren konnten, gänzlich weg= gerissen wurden. An der schleswig=holsteinischen Küste giebt es keine Deiche von größeren Dimensionen

1718 brachte neue Stürme und neue Fluthen. Ueberall in Holstein wurden die Deiche aufs Neue zer= stört; namentlich die Kirchspiele Edelak und Bruns=

büttel, die Wilstermarsch hatten mit Ueberschwemmungen zu kämpfen; am härtesten wurde aber Süberdithmarschen betroffen. Von dem 5 Meilen langen Deiche blieben nur 900 Ruthen in gutem Zustande. 17 Menschen, 574 Pferde und Rinder und 212 Schafe kamen ums Leben; 204 Häuser trieben fort, wovon einige in großer Entfernung mit ihren Bewohnern wieder hingesetzt wurden; 382 Wohnungen wurden zerstört. In Norderdithmarschen litten die Deiche ebenfalls großen Schaden; 21 Wehlen rissen ein, 92 Häuser und 2 Mühlen gingen zu Grunde, 11 Menschen, circa 160 Pferde und Kühe ertranken. Am schlimmsten ging es dem Hedwigenkoog; seine Schleuse ward zerstört, 3 Wehlen kamen im Deich, 39 Häuser trieben fort, nur 3 blieben übrig; 36 Menschen, 70 Pferde, 250 Stück Hornvieh, 580 Schafe und Schweine ertranken. Auf dem Ecklacker Moor trug sich ein merkwürdiges Phänomen zu. Eine ganze Strecke dieses Moores, zu einer halben Meile Umfang, 18 bis 20 Fuß dick, ward durch das Wasser losgerissen, in die Höhe gehoben und zwischen zwei Häuser geschoben, zwischen denen es sich eine Zeit lang festsetzte. Später ward das Moor in Atome zerrissen und legte sich auf die Marsch, die dadurch sehr an Werth verlor. Die Seen, welche sich im Ecklacker Moor befinden, rühren von jener Katastrophe her.

Bei Tönning lief das Wasser über alle Deiche; fast alle Kööge in Eiberstedt wurden überschwemmt.

Im Hecklauer Koog wurden viele Häuser weggespült, zu Siemonsberg ertranken zwei Menschen, in Husum stand das Wasser in den meisten Häusern. Im Friedrichskoog, Dagebül und der Wiebingharbe wurden die stärksten Häuser ruinirt. Nordstrand, Pelworm und Föhr wurden überschwemmt.

1718. Im Herbste desselben Jahres brach eine neue Fluth ein, die namentlich in der Wilstermarsch große Verheerungen anrichtete. Die Kirchspiele Brunsbüttel, Ebbelack und Marne kamen unter Wasser.

1719. Süderdithmarschen und die Wilstermarsch wurden am 26 Mai dieses Jahres von einer gewaltigen Sturmfluth heimgesucht, welche den Deichen großen Schaden verursachte.

1720. Die Wilstermarsch wurde ganz überschwemmt, 5 Menschen und 376 Stück Vieh ertranken. Der Elbdeich von Wevelsfleth bis St. Margarethen ward an mehreren Stellen zur Hälfte, an anderen bis zum Boden fortgerissen. Die Dörfer Abtissenwisch, Seedorp und Ecklak wurden schrecklich heimgesucht. Ein großes Stück Moor ward mit den darauf stehenden Häusern aufgehoben und fortgeschwemmt, auf einigen Stücken dieses Moors stand grünender Roggen, der im folgenden Sommer reifte und eingeheimst wurde. Aus dem Dorfe Kudensee trieb ein Baumgarten mit Apfel- und anderen Obstbäumen nach Flethsee, wo die Bäume im Sommer gute Früchte trugen.

Von Flethsee trieb ein ganzer Blumengarten nebst dem dazu gehörenden Hause aufs Moor, wo im nächsten Sommer die herrlichsten Blumen mitten unter Moorstücken düfteten und blühten

In der Wilstermarsch waren 2648 Morgen Marschland durch das Moor theils ganz, theils nur stellenweise überdeckt und fürs erste unbrauchbar geworden. An vielen Stellen blieb das Wasser bis zum September stehen. In Kudensee trieben 8, in Flethsee 7 Häuser mit den Bewohnern fort. Kein einziger Koog im ganzen Herzogthum Schleswig blieb trocken. Auf Nordstrandischmoor wurde die Kirche von innen verwüstet, allen Häusern wurden die Mauern eingeschlagen, 3 gingen ganz fort, zwei alte Leute ertranken. Auf Hooge gingen 4, auf Nordmarsch 7 Häuser zu Grunde; auf der letztgenannten Hallige ertrank eine Mutter mit ihren beiden kleinen Kindern. Der Prediger flüchtete mit seiner Familie auf den Kirchenboden; als er wieder hinabstieg, fand er, daß die Schaafe sich in sein Bett geflüchtet hatten; die Kühe hatten die Vorderfüße auf den Bettrand gestellt und erwarteten in dieser Stellung Errettung. Auf Langeneß wurden die Leichen aus dem Kirchhofe herausgerissen und umhergestreut. Föhr hatte mehrere Deichbrüche. Auf Helgoland wurde die Düne von der Insel getrennt und zur Insel gemacht.

1725 brach eine große Fluth über Schleswigs

Marschen ein, in welcher die Deiche sehr beschädigt wurden.

1745 beschädigte eine Fluth den Deich bei Bisdorf so stark, daß man das Dorf weiter zurücklegen und mehrere Hundert Morgen Land preisgeben mußte.

1701 stand das Kirchspiel Krempe unter Wasser. Die Deiche bei Itzehoe erlitten drei Brüche; der mit Granitblöcken belegte Deich bei Wevelsfleth wurde an vielen Stellen spurlos verwüstet. Alles Land zwischen der Elbe und der Wilsterau wurde in einen 10 Fuß tiefen See verwandelt.

In Schleswig ergoß sich das Wasser zwei Fuß hoch über den Stapelholmer Deich, wodurch die Süderstapeler Marsch unterlief. Von Friedrichsstadt bis Scheppern zählte man 25 Grundbrüche in den Deichen; Eiberstedts Deiche wurden schrecklich zugerichtet; die Herstellung des Wevelsflether Deiches kostete allein 20,000 ℳ. Husum stand unter Wasser; die Deiche der Wiedingharde wurden überall überspühlt; auf Föhr fanden 5 Deichbrüche statt. Auf Nordstrand ging der Christianskoog ganz verloren. Pelworm und die Halligen standen ganz unter Wasser.

1756 brach eine fürchterliche Fluth über die Herzogthümer ein. Husum, Tönning, die Hattstedter Marsch, die Inseln und Halligen — alles stand unter Wasser. Die Deiche litten unendlichen Schaden, die Friedhöfe wurden aufgewühlt, auf Gröde trieben

die Särge umher, ganze Strecken Deiche wurden fort=
geriffen.

Von Melvorf bis Wöhrden zählte man 15
Grundbrüche in den Deichen; der Deich von Marne bis
nach dem Hedwigenkoog wurde fast ganz verwüstet.
Süderdithmarschen und ein großer Theil von Nor=
derdithmarschen standen unter Waffer. Der Stör=
deich hatte 16 Grundbrüche, von denen einer 40 Fuß
tief war. Eine Menge Häuser wurden weggeriffen, die
Marsch war an vielen Stellen wie mit Moor überfäet.
Am schwersten wurde die Krempermarsch betroffen.
Um 4 Uhr Nachmittags (7. October) fing das Waffer
an, über die Deiche zu fließen; es rollte mit schrecklicher
Geschwindigkeit über die Kremper und Haselborfer
Marsch und stieg in kurzer Zeit zwei Fuß über die
Böden der Häuser; die den Deichen zunächst stehenden
wurden mit ihren Bewohnern fortgeriffen In der Ha=
felauer Marsch wurden allein 50 Wohnhäuser fort=
geschwemmt. Mehre Segelschiffe fuhren über die Deiche
in das Land hinein, wie z. B. ein Schmackschiff mit
3 Mann Besatzung. Im Ganzen kamen in der Kremper
und Haselborfer Marsch 340 Menschen ums Leben; von
den stehen gebliebenen Häusern sah man nur die Ständer
und die Dächer. Bei Elmshorn kam ein Stück Moor,
56 Schritte lang, 16 Schritte breit, mit jungen Birken,
Eichen und anderen Bäumen bewachsen, angetrieben. Ein
fast unglaubliches Ereigniß fand mit dem Raer Moor=

lande statt. Ein großer Theil desselben, etwa eine halbe Meile im Umfange, wurde losgerissen und vom Wasser 20 Fuß gehoben. In dieser Höhe erhielt es sich; die vielen Gräben, von denen es durchschnitten war, behielten ihr Süßwasser. Auf dieser plötzlich entstandenen Insel strandeten mehrere Häuser und Viehställe. Das Vieh fand hinlänglich Futter, die Menschen sammelten den angetriebenen Vorrath von Lebensmitteln, und da das Wasser in den Moorgräben trinkbar blieb, litten sie keine Noth. Als das Wasser wieder zurücktrat, senkte sich das Moor wieder auf sein altes Niveau.

Zwischen Glückstadt und der Pinnau war alles Land unter Wasser. Die entstandenen Deichbrüche waren zahllos. Im Kirchspiele Kolmar verloren 80 Menschen das Leben, in Neuendorf ertranken 21; selbst in Herzhorn ertrank fast alles Vieh. Zwischen der Seester und der Pinnau ertranken allein 87 Menschen. 375 Pferde, 676 Stück Rindvieh, 158 Schafe und 478 Schweine; 112 Häuser trieben weg. Der Deich an der Pinnau hatte 15 Einschnitte; 730 Ruthen waren ganz geschlichtet.

In Glückstadt stand das Wasser 5 Fuß hoch in den Kirchen; das vor dem Hafen liegende Kastell ward fast ganz vernichtet; ein zweimastiges Schiff trieb über die Deiche bis mitten in die Stadt

1762 brach der Stördeich an zwei Stellen durch.

1763 entstanden daselbst drei Deichbrüche. Bei Süderstapel riß eine ungeheuere Wehle ein.

1791 litten die Deiche bei Brunsbüttel, Meldorf und im Kronprinzenkoog sehr vielen Schaden; die Deiche von Wesselburen wurden arg mitgenommen, der Deich von Stapelholm brach an 11 Stellen durch

1792. Am 10. December dieses Jahres wurden die Störbeiche stark beschädigt, der Steindamm bei Itzehoe wurde bis auf 10 Fuß Tiefe weggespühlt; im Kirchspiele Henstedt erlitt der Deich einen Durchbruch von 36 Fuß Tiefe. Pelworm stand ganz unter Wasser; ein Deich nach dem anderen brach; auch auf Föhr riß die See die Deiche ein; in der Wiedingharde wurden die Deiche stellenweise so geschlichtet, daß keine Spur von ihnen nachblieb.

1793. Am 3 März wüthete ein gewaltiger Sturm an der schleswig-holsteinischen Küste; zur Zeit der Ebbe stand das Meer gleich hoch mit den Deichen; fünf Stunden vor der Fluth strömte es schon überall in die Marschen ein. Der Störbeich bei Breitenburg brach ein; in Dithmarschen stand das Wasser mehre Fuß hoch, eine Menge Häuser wurden fortgerissen; der Stapelholmer Deich erlitt 14 Durchbrüche, ganze Strecken, 30—40 Ruthen lang, waren spurlos verschwunden; auf Pelworm wurde unendlicher Schaden angerichtet.

1794 wiederholten sich die Scenen des vorigen Jahres; Dithmarschen und Eiderstedt litten am meisten; Pelworm wurde wieder grausam heimgesucht, indem die Erde, welche herbeigeschafft worden war, um die Brüche des vorigen Jahres auszufüllen, bis auf die letzte Spur weggeschwemmt wurde.

1824 brach der Störbeich bei Breitenburg auf 16 Ruthen durch, in Folge dessen die dahinter liegende Marsch so tief unter Wasser zu stehen kam, daß von den Häusern nur die Dächer zu sehen waren. 51 Häuser wurden ganz unbewohnbar gemacht und 95 Familien gezwungen, ein anderes Obdach zu suchen.

1825 wüthete eine der größten Sturmfluthen, von denen die Geschichte weiß, an der schleswig=holsteinischen Küste. Aus Mangel an verläßlichen Quellen, die wir trotz aller angewandten Mühe nicht haben auftreiben können, müssen wir uns damit begnügen, die Jahreszahl niederzuschreiben, worüber wir um so leichter hinweggehen, weil es nicht unsere Aufgabe war, die Jammerscenen zu schildern, von denen unsere Westküste heimgesucht wurde. Wir wollten nur beweisen, daß die Deiche selbst dann nur sehr problematischen Schutz gewähren, wenn sie die Dimensionen der, im Jahre 1717 bei Karlsstadt in Hol= land zerstörten besitzen; dies haben wir durch 64 Beispiele außer Frage gestellt, und es wird uns wohl Niemand mit einem Schein von Recht entgegnen können, daß das was 64 mal geschehen ist, sich nicht 64 mal wiederholen kann.

Drohen uns aber ähnliche Gefahren und ist die Nordsee wirklich ein Feind, der es auf die Vernichtung unserer Marschen abgesehen hat, so liegt uns die Pflicht ob, diesem Feinde mit allen zu Gebote stehenden Mitteln entgegen zu arbeiten.

Preußen hat funfzig Jahre lang jährlich viele Millionen ausgegeben, um ein schlagfertiges Heer zu haben, durch welches er sich seiner feindseligen Nachbarn erwehren konnte. Bei Königgrätz brach der Sturm los; die Preußen standen dem furchtbaren Andrange des Feindes mit unerschütterlicher Ruhe entgegen — und während früher allgemein über die Summen geklagt wurde, die das Heer verschlang, fühlt jetzt jeder sich gehoben, der sein Scherflein zur Ausrüstung desselben beigetragen hat

Wir haben an unserer Küste nicht 50, sondern 41 Jahre lang Ruhe gehabt, obgleich es an kleinen, täglich sich wiederholenden Angriffen unsers unversöhnlichen Feindes nicht gefehlt hat, denen wir Schritt vor Schritt ausgewichen sind und ausweichen mußten, weil es uns an den Mitteln zur Vertheidigung gebrach.

Jetzt, wo wir einem großen Staate angehören, wo die Einnahmen des Landes nicht von einem Hofstaate, Gesandten, Consuln und ein paar Bataillonen verschlungen werden; jetzt, wo wir an Preußen einen Rückhalt haben, ist es unsere Aufgabe, willig zu geben, aber auch zu verlangen, daß wir nicht nur gegen die Angriffe fremder Nationen, sondern auch gegen die des Meeres geschützt werden.

Da wir mit den Verhältnissen vertraut sind, die bei einer ausgiebigen Vertheidigung unserer Westküste in Frage kommen, halten wir uns nicht nur berechtigt, sondern auch verpflichtet, unsere Ansichten zu entwickeln.

Kehren wir den Inseln zurück und rufen wir uns ins Gedächtniß, daß einst eine ununterbrochene Sandbank von Wangeroog nach Helgoland und von da nach der Spitze von Sylt westlich der Inseln lag. Könnten wir diese Sandbank wieder herstellen und somit ein Bollwerk draußen im Meere beschaffen, so würden wir unsern Festlandsdeichen sowohl wie den Inseln einen außerordentlichen Schutz gewähren. Da dies aber unmöglich ist, so liegt es nahe, daß uns die Erhaltung der noch vorhandenen Theile jener einstigen Sandbank von der Vorsicht zur Pflicht gemacht wird und daß wir der muthwilligen Zerstörung derselben mit aller Energie entgegen zu treten haben. Ob sich einzelne Sande, wie z. B. Seesand, Kniepsand und Haffsand, ferner die Insel Jordsand nicht künstlich erhöhen und vergrößern lassen, ob nicht bedeutende Muschelbänke angelegt werden könnten, die zur Erhöhung des Meeresbodens wesentlich beitragen würden, muß versucht und durch eine Reihe von

Versuchen konstatirt werden. Welche Bedeutung die Sandbänke haben, möge folgendes Beispiel beweisen.

Westlich des rothen Kliffs auf Sylt liegt eine Sandbank, die sich in einer Entfernung von mehreren hundert Fuß längs der ganzen Küste erstreckt. Bei gewöhnlicher Fluth bricht sich die Brandung an dieser Bank; die beruhigten Wogen spielen am Strande; bei Sturmfluthen bricht aber die Strömung des Meeres durch eine Oeffnung, welche sich in der Sandbank befindet, senkrecht gegen das steile Ufer der Insel und bricht jährlich 16 — 30 Fuß von dem Diluvium ab. An den weiter südlich und nördlich gelegenen Punkten, wo die Sandbank nicht durchbrochen ist, findet keine solche Zerstörung statt. Es liegt also auf der Hand, daß eine Schließung der Sandbank von den wohlthätigsten Folgen sein würde, und daß, wenn diese unmöglich ist, eine Vereinigung der Insel mit der Sandbank durch vertikale Dämme eine so bedeutende Anhäufung von Sand bezwecken müßte, daß dadurch das Ufer gleichsam hinausgeschoben und so erweitert würde, daß die Sturmfluthen eine Dossirung fänden, auf welcher sie ihre Kraft abschwächen könnten; denn die, aus der vertikalen in eine horizontale Bewegung übergegangene Welle läuft nicht weiter, als der Druck wirkt, dem sie gehorchen muß; in einer gewissen Entfernung vom Ufer des Meeres hört die Wirkung des Druckes aber auf, und wo diese aufhört, erfolgt ein Stillstand in der Bewegung der Welle, und die Wassertheilchen rollen vermöge ihrer Schwere ins Meer zurück, — freilich um gleich wieder vorwärts geschoben zu werden.

Wir wollen die Erfahrungen mittheilen, welche wir selbst gemacht haben.

Um den Strom von dem rothen Kliff abzuhalten, welcher sich durch die Oeffnung in der vorliegenden Sand= bank durchbrängte, wurden zwei Dämme vertikal ins Meer hinausgeführt. Eine bedeutende Masse von Granit= blöcken, welche gerade an dieser Stelle auf dem Meeres= boden lagen, erleichterten die Arbeit sehr, indem es nur nöthig war, die einzelnen Blöcke mit 2 oder 4 Pferden herbeizuschleppen und auf Faschinen zu legen. Die Dämme lagen 400 Fuß aus einander und in einer Richtung, daß der Strom bei Südwestwind senkrecht auf ihre Längenaxe wirken mußte. Ungewöhnlich hohle Ebbe ermöglichte das weite Hinausführen der Dämme; es zeigte sich, als beide die Länge von 160 Fuß erreicht hatten, daß der nördliche halb unter Wasser stand, während der südliche noch nicht von der Fluth bespült wurde. Das Ufer oder vielmehr der Meeresboden war also an der einen Stelle tiefer, als auf der anderen. Nach zwei Tagen war der tiefer be= legene Damm verschwunden, und zwar so spurlos ver= schwunden, daß man ihn mit dem Spaten suchen mußte; erst in einer Tiefe von 4 Fuß stießen die Arbeiter auf seine oberste Steinlage. Es wurde auf dem versandeten Damm ein neuer erbaut, das Ufer wurde nivellirt und es zeigte sich, daß der nördliche Damm 8 Fuß tiefer angelegt war, als der südliche. Diese Aushöhlung des Meeresbodens, die natürlich durch die Fluthströmung entstanden, verschwand aber absolut, so wie der neue Damm aufgeführt worden war. Das Ufer hatte bisher einen Bogen beschrieben, indem die Fluth bei dem nördlichen Damm weiter hinaufgelaufen war, als bei dem südlichen. Dieser Bogen wurde ausgefüllt, der ganze Strand erhielt eine gerade Richtung und ebenmäßige Dossirung. Wenn nun beide Dämme bis zu der Sandbank im Westen hinausgeführt werden, muß sich dann nicht der Strand bis an die Sandbank erstrecken, allmälig erhöhen lassen und eine Dossirung gewinnen, die jeder Sturmfluth trotzt? Und was hier im Kleinen so leicht ist, sollte das im Großen so schwer sein?

Theuer werden solche Arbeiten sein; es frägt sich aber, was theuerer zu stehen kommen wird, das Handeln und Thun, oder das Unterlassen und Zusehen? **Wer die Verhältnisse richtig in's Auge faßt, wird sich für das Handeln und zwar für rasches und energisches Handeln entscheiden.**

Welche Folgen größere Zerstörungen der Sandbänke nach sich ziehen, haben wir bei Nordstrand gesehen, das auch erst in Trümmer fiel, nachdem die Bänke und Dünen, die es bisher beschützt, aufgehört hatten, zu existiren.

Wir haben das Meer den Feind unserer Marschen genannt, — mit Unrecht zwar, denn wo wir ihm mit Vernunft begegnen und seinen Wogen einen Tummelplatz einräumen, wird der Schaden, den es uns zufügt, durch die Geschenke reichlich aufgehoben, die es unseren Küsten bringt; wir wollen aber das Bild beibehalten und es sogar ausmalen, indem wir die Sandbänke mit Tirailleurs, die Dünen mit Replis und die Deiche des Festlandes mit geschlossenen Colonnen vergleichen, welche gemeinschaftlich die Vertheidigung unserer Küsten zu führen haben.

Wie aber ein Feldherr die Vorposten als Wächter betrachtet, von deren Wachsamkeit das Wohl und Wehe der größeren Truppenkörper abhängen, so wird auch der Regierung die Pflicht zuerkannt werden können, den Tirailleurs ihre Aufmerksamkeit zu schenken, welche die Natur als erste Wogenbrecher in der Nordsee geschaffen hat, und mit Freuden sei es wiederholt, die bisherigen Maßnahmen der preußischen Verwaltung geben uns die volle Ueberzeugung, daß es an der nöthigen Fürsorge nicht fehlen wird.

III. Die Dünen.*)

Wir haben schon in kurzen Worten angegeben, was man unter Dünen zu verstehen hat; es sind Berge von weißem Sande, der oft so fein ist, daß er sich wie Mehl anfühlt; manche dieser Sandhügel sind bewachsen, manche durchaus kahl und von jeder Vegetation entblößt; einige sind gedämpft, d. h. so mit Pflanzen überwuchert, daß sie selbst dem Einflusse der stärksten Stürme widerstehen, andere werden von jedem Windhauche in Bewegung gesetzt und heißen, weil sie im beständigen Vorwärtsschreiten begriffen sind Wanderdünen. Auf der Insel Sylt ist eine solche Wanderdüne von fast anderthalb Meilen Länge, einer viertel Meile Breite und einer Höhe von sechszig bis achtzig Fuß; in unmittelbarer Nähe von ihr befinden sich vollkommen gedämpfte Dünen mit einer überraschend reichen Vegetation, wie wir sie auf der trockenen Geest des Festlandes umsonst suchen würden. Das reizende Dünenrößchen, kaum sechs Zoll hoch, aber mit weißen Rosen übersäet, wechselt mit dem stacheligen meergrünen Eryngium, der Sandweide, der Dünenwicke

---

*) Wir verweisen auf den „Bericht über die Dünen der Insel Sylt." Th. Herzbruch. 1865.

dem Enzian und vielen anderen Gewächsen und Blümchen, an denen man nicht vorüber gehen kann, ohne ein Sträußchen für den Hut zu pflücken. Auf den nicht gedämpften, aber bewachsenen Dünen wogt der Sandroggen neben dem Sandhafer im leisen Hauche des Windes und überrascht uns ebensosehr durch das saftige Grün der einzelnen Pflanzen, wie durch den unendlichen Reichthum an Aehren, mit dem sie beladen sind. Zwischen den Dünen ziehen sich Thäler entlang, in denen, weil sie gegen den Wind geschützt sind, eine ungeahnte Vegetation sich entwickelt; bei jedem Schritte treten wir auf Heidelbeeren und Preißelsbeeren; Schilf, eine Menge von Karexarten und Meernelken wuchern in üppigster Fülle, der sandige Boden ist mit einer Humusschicht bedeckt, welche reichen Graswuchs entstehen läßt; ja, sogar kleine Süßwasserteiche, im Herbste von unzähligen Enten bedeckt, im Sommer von Rindern und Schafen umlagert, sind in den Dünenthälern keine seltene Erscheinungen.

Und wie sind diese Berge von Sand entstanden? Warum thürmen sich meilenlange Gebirge auf, die nur aus einzelnen Sandkörnern bestehen, und warum bedeckt der Sand an anderen Stellen ganze Ebenen in gleichmäßiger Höhe, ohne Berge und Thäler zu schaffen?

Wir wollen versuchen, diese Fragen zu beantworten.

Die Nordsee enthält, wie wir oben gesehen, Sandbänke, welche zusammen über 1000 Quadratmeilen einnehmen; wir haben auch die Wellenbewegung kennen lernen und wissen, daß diese eine senkrechte ist. Jede Welle schlägt mit mehr oder minder großer Kraft gegen die Sandbank, welche ihre senkrechte Bewegung in eine horizontale verwandelt und löst Theile von ihr ab. Auf diese Weise wird das Wasser der Nordsee bei starkem Wogengange mit Sand vermischt; Schiffer, welche sechs Meilen von der nächsten Küste fahren, also soweit von ihr entfernt sind, daß sie von dort her keinen Sandflug haben können, machen bei jedem Sturme die Beobachtung, daß die Wellen, die über das Schiff wegschlagen, Sand auf dem Verdecke zurücklassen, — Beweis für die Richtigkeit des oben Gesagten.

Die mit Sand vermischte Welle trifft den Strand, spühlt an ihm hinauf und läuft wieder zurück. Das Wasser läuft zurück, aber die einzelnen Sandkörnchen bleiben auf dem Strande liegen, sobald sie den geringsten Anhaltspunkt finden. Die Fluth läuft je nach der Beschaffenheit des Ufers 10—20 und 50 Fuß weiter auf den Strand hinauf, als die Wellen der Ebbe, mithin sind zur Zeit der Ebbe die 20—50 Fuß des Strandes, welche während der Fluth bespühlt wurden, trocken und **bleiben bis zur nächsten Fluth trocken**. Es haben sich auf dieser ganzen Breite aber Sandkörner abgelagert; Sonnenschein und Wind rauben ihnen ihre Feuchtigkeit, ein leiser Hauch genügt, um sie landeinwärts zu treiben, und in hüpfender, ricochettirender Bewegung setzen sie so lange ihren Lauf fort, bis sie vor dem, sie verfolgenden Winde Ruhe finden. Vor einem festen Körper finden sie diese Ruhe nicht, sondern erst hinter ihm, daher das Aufwerfen von Wällen zur Abwehr des Flugsandes dem Zwecke nicht entsprechen und nur zur Folge haben würde, daß der Sand, über den Wall getrieben, sich hinter ihm ablagerte, mithin die Fläche überschüttete, welche man zu schützen beabsichtigte.

Es bedarf aber keiner Wälle, um die Sandkörner vor dem Winde zu schützen; ein Busch, ein Blatt, ein Grashalm genügt, um den Wind an weiterer Verfolgung des Sandkörnchens zu verhindern. Wie aber ein Sandkorn hüpft und springt, so hüpfen tausende und abermals tausende bei jedem einigermaßen günstigen Luft=zuge; bie einzelnen Körner sind oft so klein, daß man sie über den weißen Strand nicht forteilen sieht, drückt man aber die Hand gegen den Strand, so fühlt man ein leises Prickeln und Stechen, das von nichts anderem, als von der Bewegung der Sandkörnchen herrührt.

Hinter einem Grashalm findet nicht ein, finden hunderte von Sandkörnern Schutz; sie thürmen sich zu einem winzigen Hügel auf, hinter dem wieder andere Körner Ruhe finden, und so bildet sich unbemerkt der erste Anfang einer Düne, die unter günstigen Bedingun=gen heranwächst, bis sie einen förmlichen Berg repräsentirt, oder wieder zerstört und weiter land=einwärts getrieben wird. Damit sich aber die junge Düne erhalten kann, ist es nothwendig, daß die Pflanzen, hinter denen die Körnchen den ersten Schutz fanden, durch die Anhäufung von Sand nicht in ihrer Entwickelung gestört werden, daß sie im Gegentheile rasch emporwachsen, sich nach allen Seiten ausbreiten und gleichsam mit dem Wachsthum der Düne gleichen Schritt halten. Dies thun der Sandroggen und der Sandhafer, je mehr Seesand der Wind diesen Pflanzen zuführt, je mehr sie mit Sand bedeckt werden, desto rascher schießen sie empor, desto mehr Wurzeltriebe machen sie, und es ist durchaus nichts seltenes, in Dünen, deren Seiten vom Sturme zerrissen worden sind, Wurzeln dieser beiden Pflanzen zu finden, die 18—30 Fuß lang sind. Findet man also eine Pflanze Sandroggen mit einer Wurzel von 30 Fuß Länge, so kann man mit Bestimmtheit behaupten, daß sie mit der Düne zu dieser Höhe angewachsen ist; verkümmerte und wenig Samen tragende Pflanzen beweisen dagegen, daß sie vom Flugsande — ihrem eigentlichen Lebenselemente — nicht betroffen werden.

Wo wir Dünen antreffen, finden wir Sandroggen oder Sandhafer; wo keine solche Pflanzen wachsen, haben wir es statt mit Dünen, mit ausgebreiteten Sandflächen zu thun.

Wenn wir daher in Norddeutschland und auf der cimbrischen Halbinsel alte Dünen antreffen, so können wir uns ihre Entstehung nur dann erklären, wenn wir annehmen, daß nach dem Abflusse der Nordsee gerade in derselben Weise wie heute die Sandbänke des Meeres durch den Wellenschlag an das feste Ufer gekommen sind und daß sie dort diejenigen Pflanzen vorgefunden haben, deren sie zur Dünenbildung bedürfen. Daß sich an einzelnen Punkten, wo die **Flüsse** bedeutende Sandmassen an den Ufern ablagern, im Gegensatze zu Meeresdünen **Flußdünen** bilden können, versteht sich von selbst, dient aber nicht zur Abschwächung unserer Theorie.

Die Düne bildet sich am Meeresufer; aber nicht unmittelbar am Ufer, sondern soweit vom Strande entfernt, daß die Fluth sie nicht erreichen und bespühlen kann. Allmälig bildet sich ein ganzes Gebirge, die Vegetation ist im üppigsten Wachsthume, **Haidekraut** und **Rauschebeere** beginnen schon, Sandroggen und Sandhafer zu verdrängen; da plötzlich reißt der Sturm eine Seite der Düne kahl, der Sand wird empor gewirbelt und verbreitet sich rings umher über die Pflanzen, welche die Rückseite des Berges noch fest halten. **Der Sandflug ist aber der Haide absolut tödtlich;** in kürzester Frist erstirbt sie, ihre entblätterten Zweige geben dem Sandboden keinen Schutz, der Wind reißt Löcher und Schluchten, und in unglaublich kurzer Zeit wird die gebämpfte Düne von aller Vegetation entblößt und in eine Wanderdüne verwandelt. Die kolossalen Sandmassen, welche jetzt auf einmal in's Treiben kommen, ersticken selbst die Sandroggen= und Sandhaferpflanzen auf den weiter östlich gelegenen Dünen und wie eine Lawine wälzt sich in kurzer Zeit das ganze Sandgebirge vorwärts, bis es endlich die Fluren überschüttet, wie auf Röm, oder das Wattenmeer ausfüllt, wie auf Sylt.

Die Dünen sind aber hohe Sandrücken, die bis zu 60 und 100 Fuß emporsteigen und sich wie Berge neben und hinter einander aufthürmen; an der Meeresküste brechen sie den Anbrang der Wogen und verhindern den Untergang des Landes, auf dem sie stehen, wandern sie dagegen nach Osten, geben sie den Punkt preis, den sie bisher beschützt, und verlieren sie sich gar in's Meer, so werden wir um ein sicheres Bollwerk ärmer, das um so werthvoller ist, weil die Natur es selbst aufbaut und es sogar beständig vergrößert und erweitert, wenn wir ihr nur im geringsten die Hand dazu bieten.

Eine einfache Schilderung der, von der königlich preußischen Regierung auf der Insel Sylt angeordneten Bauten wird am besten und faßlichsten die Wege erklären, welche man einzuschlagen hat, um die Dünenbildung zu befördern.

Es wurden im vorigen sowohl, wie in diesem Jahre an verschiedenen Punkten der Insel Sylt, und zwar an denjenigen, die einem Durchbruche zunächst ausgesetzt zu sein schienen, Zäune aus Weiden- und anderem todten Busch parallel mit und in gewisser Entfernung von dem Meeresufer aufgeführt. In Zwischenräumen von 8 Fuß wurden Pfähle in den Sand getrieben, an diese band man Latten und gegen die Latten lehnten sich die Reiser, welche in einen zwei Fuß tiefen Graben eingesetzt, etwa 5—7 Fuß über den Strand hervorragten. Der Zaun bildete also eine schnurgerade Linie in angegebener Höhe und seine ganze Stärke bestand darin, daß die Sandkörner, welche der Wind landeinwärts trieb, hinter den einzelnen Reisern Ruhe fanden und sich allmälig zu einer Düne ablagern konnten. Sieben Fuß hinter dem ersten Zaune wurde ein zweiter, vierzig Fuß hinter dem zweiten ein dritter Zaun aufgeführt. Voll Mißtrauen sahen die Insulaner diese Werke entstehen, denn sie meinten nicht anders, als daß man beabsichtige, den Anbrang der See durch loses Gebüsch abzuwehren; als aber der Wind anfing, die Zäune allmälig mit Sand anzufüllen, als diese erst 6, dann 5, 4, 3 Fuß und zuletzt gar nur einige Zölle aus dem Sande hervorragten, als die See über die Zäune wegging und in unglaublich kurzer Zeit die Zwischenräume von resp. 7 und 40 Fuß total mit Sand anfüllte, als die neu geschaffene Düne bepflanzt und zur Aufnahme neuer Sandmassen hergestellt wurde, als sie eine Dossirung gegen das Meer gewann, welche selbst dem Sturme des 9. November siegreich trotzte, da mußte der Blödeste einsehen, daß das Meer allerdings Sand, und zwar unendliche Sandmassen auswirft, und daß die Natur ein besserer Baumeister ist, als der Mensch. Die

Deiche können dem stärksten Sturme Widerstand leisten, wenn man ihnen die erforderlichen Dimensionen giebt: sie gewinnen aber während des Sturmes kein neues Vorland; die Düne gewinnt aber Terrain gegen die See, wenn der Mensch den Fingerzeig benutzt, den die Natur ihm geg*e*ben. Zahlen sind Strahlen und beweisen oft besser, als die verständlichste Sprache; wir wollen daher die Sandmasse berechnen, welche während der hohen Fluth des 3. August 1866 in den Parallelzäunen bei dem rothen Kliff auf der Insel Sylt vom Meere abgelagert wurde. Die Zäune waren 3000 Fuß lang, 6 Fuß hoch und standen 7 Fuß von einander entfernt. Während drei Stunden spühlte die See über sie weg, und als das Wasser abgelaufen war, ragten die Zäune an vielen Stellen nur einige Zolle, an anderen 1—3 Fuß hoch aus dem Sande hervor. Angenommen, daß sie nur zur Hälfte versandet waren, also nur 3 Fuß Sand gefangen hatten, so finden wir, daß $3 \times 7 \times 3000 = 63{,}000$ Cubikfuß Sand zwischen den Zäunen abgelagert war. Nun hatte sich aber das Terrain vor und hinter den Zäunen auch bedeutend erhöht, der Strand war um reichlich 50 Fuß breiter geworden, und es hatten sich außerhalb der Zäune mindestens $2 \times 63{,}000$ Cubikfuß Sand abgelagert, mithin im ganzen 189,000 Cubikfuß Sand auf einer Strecke von 3000 Fuß. Hätte man es also in seiner Gewalt, die ganze 6 Meilen lange Küste der Insel

Sylt mit einem solchen Doppelzaune einzuschließen, so würde man in einer 3 stündigen Ueberfluthung eine Sandmasse von $6 \times 24{,}000 \times 7 \times 3 = 3{,}024{,}000$ Cubikfuß auf dem Strande ablagern sehen; denn da der Meeresboden an der ganzen Küste ein gleichmäßiger ist, so unterliegt es keinem Zweifel, daß die Sandablagerung auch eine gleichmäßige sein wird, wofür übrigens auch die Erfahrungen sprechen, welche bei Rantum im Süden und bei dem östlichen Leuchtfeuer im Norden der Insel gemacht worden sind.

Eine im vorigen Jahre angelegte Vordüne bei Kliffsende auf Sylt von 700 Fuß Länge, die durch drei Zäune von je 6 Fuß Höhe gebildet worden war, hatte nach 10 Monaten ihres Bestehens eine Basis von 108 Fuß und eine Höhe von 10 Fuß erlangt; sie hatte mithin eine Dossirung gewonnen, welche jeden Anbrang der See auszuhalten vermag.

Daß Fälle eintreten können, in welchen die eben errichteten oder schon ganz versandeten Zäune beschädigt oder gar weggerissen werden können, versteht sich von selbst; solche Ereignisse werden namentlich an den Stellen Statt finden, welche dem Fluth= und Ebbestrom besonders ausgesetzt sind; an einzelnen Punkten wird man sogar genöthigt sein, eigene Werke aufzuführen, welche den Strom vom Ufer abzulenken haben. Im Allgemeinen kann man aber mit Bestimmtheit behaupten und durch die Erfahrungen, welche man in Holland, Belgien, Frankreich, Preußen, auf Helgoland und auf Sylt gemacht hat, beweisen, daß man es in der Hand hat, den Sand ganz oder theilweise aufzufangen, den das Meer beständig an das Ufer wirft. Ebenso sicher läßt sich aber durch tausend Beispiele beweisen, daß die aufgethürmten Sandmassen wieder vom Meere weggerissen werden, wenn man nichts thut, um ihre seeseitige Dossirung zu erhalten.

Sehen wir uns nun die Dünen der Insel Sylt an, so finden wir, daß sie

1) an der Seeseite kahl, daher den Stürmen preis gegeben sind;
2) statt in einer ununterbrochenen Linie längs der Küste fortzulaufen, mit tiefen Schluchten durch= zogen sind;
3) daß die entstandenen Schluchten beständig an Ausdehnung gewinnen und dem Sturm Zutritt zu den weiter landeinwärts liegenden Dünen geben;
4) daß sie alljährlich gemäht werden und zwar in einer Weise, daß auch nicht die leiseste Spur von einem Schutze gelassen wird. Das Mähen findet im Herbste, kurz vor Ausbruch der Stürme statt, die Aehren des Sandroggens und Sand= hafers werden nicht ausgesäet, sondern mit nach Hause gefahren und dem Vieh als Nahrung

gereicht; die Dünen werden also nicht geschont, sondern muthwillig ihres einzigen Schutzes beraubt. In Holland, Jütland, Frankreich, Belgien, Preußen, ja am Kap der guten Hoffnung ist jede Beschädigung der Dünengewächse streng untersagt (— in Holland bei 40 tägiger Gefängnißstrafe —) auf Sylt wird aber alles sonder Gnade abgemäht.

Wir finden ferner

5) daß die Sylter von dem Grundsatze ausgehend, daß die Dünen solange ostwärts wandern müssen, bis sie endlich die Deiche des Festlandes erreicht haben, diese Wanderung fördern, indem sie die gedämpften und bewachsenen Dünen entblößen und trichterförmige Oeffnungen in ihren Kamm einschneiden.

Im schröffsten Gegensatze zu dieser nicht zu duldenden systematischen Zerstörung der wesentlichsten Bollwerke für das Festland finden wir auf den Inseln Amrum und Romoe sorgfältige Pflege der Dünen, und namentlich auf Romoe einen überraschenden Feldbau in den, aus reinem Sande bestehenden Hügeln. Wir haben Gelegenheit gehabt, Roggen, Gerste, Hafer, rothen Klee, grünen Kohl, Weidenbäume, Pappeln, Georginen, Rosen und allerlei Gartengemüse zu sehen, welche von den fleißigen Romoern in den Dünen gezogen wurden; die Gerste gehörte zu der besten, die wir je gesehen. Wir wissen außerdem, daß in Jütland, bei Skagen, Ringkjöbing und vielen anderen Punkten die Dünen mit dem günstigsten Erfolge bewaldet worden sind, und daß die dänische Regierung, welche seit 1539 ihre Sorgfalt diesem wichtigen Gegenstande gewidmet hat, die Belohnungen zurückziehen mußte, welche sie für die Kultivirung der Dünen ausgesetzt hatte, weil die ersten Versuche so glänzend ausfielen, daß in kurzer Zeit bedeutende Strecken mit Kartoffeln und anderen Früchten bepflanzt und besäet wurden.

Der Wahn, daß die Dünen total unfruchtbar sind, ist nemlich ein durchaus irriger. Untersucht man mitten im heißen Sommer den höchsten Gipfel einer, von aller Vegetation entblößten Düne, so findet man schon 1 bis 2 Zoll unter der Oberfläche eine überraschende Feuchtigkeit, und gräbt man gar 3 bis 4 Fuß tief, so hat man in den meisten — oder doch in vielen Fällen schönes Trinkwasser. Wer je in Amsterdam war, wird die vielen Ankündigungen von „Duinenwater" gelesen haben; Amsterdam bekommt sein Wasser aus den Dünen! Die Dünen sind aber nicht nur feucht, sondern auch warm, viel wärmer als Geest= oder gar Lehmboden; sie enthalten außerdem eine Menge von Glimmertheilen, Rudera von Muscheln und sonstigen, die Vegetation fördernden Substanzen. Wo diese aber mit Wärme und Feuchtigkeit vereint auftreten, ist es Unwissenheit oder Eigensinn, eine gewisse Fruchtbarkeit in Abrede stellen zu wollen, zumal wenn man weiß, daß in südlicher wie in nördlicher gelegenen Regionen die Kultur der Dünen vom schönsten Erfolge gekrönt worden ist.

Zur Erhaltung der Dünen sind Sträucher erforderlich, welche zu Zäunen verwendet werden können, durch deren Einwirkung auf den Wind und die Wellenbewegung Sandablagerungen stattfinden. Weil aber der Transport solcher Sträucher, selbst wenn sie in Faschinen gebunden sind, die Anlage der Zäune kostspielig macht, ist es durchaus nothwendig, auf den Inseln selbst Weiden, Eschen und ähnliche Bäume zu ziehen, deren Zweige zur Befestigung der Düne verwendet werden können. Daß die Dünenthäler ebensowohl wie die gedämpften Dünen mit Vortheil bewaldet werden können, haben wir schon nachgewiesen; Ernst Hallier hat erst neuerdings einen "Vorschlag zur Befestigung der ganzen Westküste Schleswigs" bei der Regierung eingereicht, in welchem er die Bewaldung der Dünen dringend befürwortet und auf die Erfolge aufmerksam macht, welche die Helgolander mit dem Sandborn, Hippophae rhamnoides, gehabt haben. Wenn wir uns auch mit vielem, was von diesem Gelehrten empfohlen wird, und namentlich mit der Anlage lebendiger Hecken zur Dämpfung des Sandfluges (die Hecken oder Zäune werden ja total verſandet, alſo die lebendigen Sträucher erſtickt) — nicht einverſtanden erklären können, ſo hat doch der Name Hallier einen ſo guten Klang, daß es uns nur zur Ehre gereichen kann, wenn wir von ihm gerade dieſelben Pflanzen, Bäume und Sträucher empfehlen ſehen, die wir der Regierung bereits mehrmals namhaft gemacht haben. Gereicht es uns aber zur Ehre, mit Ernſt Hallier übereinzuſtimmen, ſo gereicht es ſicherlich der Schleswigſchen Regierung zur höchſten Ehre, daß ſie eine namhafte Summe für die Bewaldung der Dünen ausgeworfen hat, und wer ſich vergegenwärtigt, daß in Jütland bereits gegen 100,000 Tonnen Dünen und Flugſand beſäet und bewaldet worden ſind, während für unſere Dünen abſolut gar nichts geſchehen war, daß aber die preußiſche Verwaltung aus eigenen Mitteln den Schutz unſerer Dünen übernahm, als es noch ſehr ungewiß war, welche Stellung ſie zu den Herzogthümern einnehmen würde, der wird ſich des Eindruckes nicht erwehren können, daß wir ihr zu Dank verpflichtet ſind.

Wir haben nachzuweiſen geſucht, daß der Durchbruch des engliſchen Kanals beſtändige Angriffe des Meeres auf unſere Weſtküſte zur Folge gehabt hat; ſoweit es uns möglich war, haben wir die Zerſtörungen geſchildert, welche die Sturmfluthen an unſeren Inſeln, Halligen und

Deichen angerichtet haben; wir haben gezeigt, daß selbst die stärksten Deiche nur problematischen Schutz gewähren, wenn sie dem ungebrochenen Anprall des Meeres ausgesetzt sind, und glauben nicht, daß irgend Jemand aus der verhältnißmäßigen Ruhe, deren wir uns seit 1825 erfreuen, den Schluß ziehen wird, daß für die Zukunft nichts für unsere Küste zu befürchten ist.

Wir haben aber auch gezeigt, welche Bedeutung die Sandbänke für die Inseln, und welchen Werth diese wieder für das Festland haben, und brauchen nicht zu wiederholen, daß das Verschwinden beider die bedenklichsten Folgen für die Deiche und Marschen des letzteren haben würde. Sollen wir daher einen prophetischen Blick in die Zukunft der nordfriesischen Inseln und der schleswigschen Festlandsküste werfen, so müssen wir entweder annehmen, daß für Erhaltung der Sandbänke, des Wattenmeers, der Inseln und Halligen nichts geschieht, oder uns der Hoffnung hingeben, daß für ihre Erhaltung die größten Opfer gebracht werden. Da wir einem Staate angehören, welcher, ohne unsere Steuerlast zu erhöhen, diese Opfer bringen kann, und da die bisherige Fürsorge für unsere Inseln und die, seit Friedrich dem Großen datirende Fürsorge für das eigene Land uns mit Vertrauen erfüllen müssen, so geben wir uns der festen Zuversicht hin, daß diese Opfer gebracht werden, und daß unsere Regierung die noch vorhandenen Glieder der ehemaligen ununter=

brochenen Kette soviel möglich erhalten, stärken und vereinigen wird, damit der sonst augenscheinlich unvermeidliche Untergang nicht nur der Inseln, sondern auch der Festlandsmarschen verhütet werde.

Wir dürfen daher hoffen, daß Gesetze zum Schutze der Dünen, der Sandbänke und der Watten, ähnlich den in Holland und Preußen bestehenden, erlassen werden, und daß durch sie die Zerstörung nnserer natürlichen Bollwerke durch Menschenhand bei strenger Strafe verboten werde. Wie man für Bergbau, Forstwesen, Entwässerung u. s. w. Vorschriften gegeben und Normen festgestellt hat, die dem großen Ganzen und seinen Interessen entsprechen, so fordert der Zustand unserer Dünen, unserer Inseln und unserer ganzen Westküste Verwaltungsmaßregeln, deren Ausführung nicht an dem Widerspruche einer einzelnen Gemeinde oder gar eines Strand- oder Bauernvogts scheitern kann. Die Dünen sind sowenig ausschließliches Eigenthum einer bestimmten Gemeinde, wie ein Bergwerk absolutes Eigenthum einer Compagnie ist, und so gut der Staat interveniren und Bergwerksarbeiten befehlen oder verbieten kann, deren Ausführung oder Unterlassung den Staat als solchen afficiren; ebenso gut und mit noch mehr Recht kann der Staat die Verwüstung der Sandbänke, Watten und Dünen verbieten, weil von ihrer Erhaltung die Sicherheit des Festlandes abhängig ist, und wie der Feldherr und das Kriegsministerium das Recht haben, da, wo sie es nöthig finden, Schanzen und

Festungen zu errichten, oder Häuser und Städte niederzulegen, so muß auch dem Staate die Machtvollkommenheit zuerkannt werden, die von der Natur selbst aufgeworfenen Befestigungen zu schützen, zu erweitern und zu erhalten. Soll mit anderen Worten ein gedeihlicher Zustand herbeigeführt werden, so muß die Regierung die ausschließliche Verwaltung der Sandbänke, Watten und Dünen in die Hand nehmen, und erst wenn dies geschehen, wenn mit großen Opfern das Versäumte nachgeholt und ferneren Zerstörungen vorgebeugt worden ist, können wir einen frohen Blick in die Zukunft unserer Heimath werfen.

Wir schließen diese Denkschrift in der Hoffnung, daß es uns gelungen ist, die Regierung und die Bevölkerung der Herzogthümer auf einen Gegenstand aufmerksam zu machen, der zu den wichtigsten gehört, von denen unser Vaterland berührt werden kann. Die Beibehaltung des jetzigen Systems würde eine Todsünde sein, die eine **deutsche** Regierung nicht auf sich laden könnte, ohne sich dem Urtheile der Nachwelt preis zu geben, während sie sich kein ehrenvolleres Denkmal setzen kann, als wenn sie mit allen ihr zu Gebote stehenden Mitteln unsere Vertheidigung gegen die Nordsee siegreich durchführt.